JN057390

富山大学人文学部叢書Ⅶ

人文知の
カレイドスコープ

富山大学人文学部 編

巻頭言

　富山大学人文学部は、教員が専門領域を超えた研究交流と学部全体の研究向上を図るため、またその成果を学生教育の充実と地域貢献の促進に役立てるために、「富山循環型人文知研究プロジェクト」を開始した。

　本書は、その一環として開催した令和五年度公開研究会「『人文知』コレギウム」の成果である。

　書名の『人文知のカレイドスコープ』は、歴史、哲学、文学、言語学、地理学、社会学などの多様な研究分野の教員が、多角的に「人」の有り様に迫る意を表している。カレイドスコープ（万華鏡）さながらに豊かな人文学の世界を知る一助となれば、幸いである。

目　　次

第4章　社会学・人文地理学で考える

附：2023年度　公開研究交流会「『人文知』コレギウム」発表題目一覧

第34回「言語を探究する」　2023.6.28.
「気づかない方言文末詞に気づくとき」

安藤智子（言語学コース）

「音注は意味を教えてくれる」

森賀一惠（言語学コース）

第35回「源氏物語の注釈書」　2023.11.15.
「源氏物語注釈史管見　―『源氏釈』からネット時代の校注書迄―」
田村俊介（東アジア言語文化コース）

第36回「社会学・人文地理学で考える」　　2024.3.6.

「自己を語れるまでの道のり：難病患者の就労を例に」

伊藤智樹（社会文化コース）

「地理空間情報を通じて可視化する小学生の登下校
　　―富山市の子どもを見守る地域連携事業―」

大西宏治（社会文化コース）

第1章
20世紀が遺した問い

バフチンの小説論『作者と主人公』のなかの読者

武田 昭文

はじめに

ミハイル・バフチン（1920年代後半）

　20世紀ロシアが生んだ最大の思想家といわれるミハイル・バフチン（1895-1975）は、「対話」や「ポリフォニー」を鍵概念とするその独自の思想を、特に小説を題材として、作者や主人公たちの間で行われるコミュニケーションのあり方を分析することによって展開したという点でユニークな思想家である。バフチンの主要な著作のほとんど（『小説の言葉』（1930-34）、『小説の時空間』（1937-39）、『ドストエフスキーの詩学の問題』（1963））が、まさにそのような小説論として書かれている。では、なぜバフチンはみずからの思想を語るために、ほかならぬ小説を分析するという方法を選んだのだろうか？

　本稿では、バフチンの初期の哲学的草稿『美的活動における作者と主人公』（1920-24）［以下、『作者と主人公』と略］を取り上げ、彼の思想家としての出発点における問題意識とその小説とのかかわり、そのなかでの作者と主人公の意味付けを考察し、さらにそこでの私たち読者の意味付けにまで考察を進めてみたい。

1．バフチンの人格概念

　バフチンの哲学的思索の始まりにあるのは、その独自の人間存在理解である。バフチンによれば、人間の「私」はそれ自体として不定形で未完結である（「私」はけっして自己自身と一致しない）。そうした「私」の内的

能動性（＝自由、未完結性）に外の視点から形を与えるのが他者であり、他者の外在的能動性だけが「私」の身体的・心的な輪郭を造形することができるというのだ。

　ひらたくいえば、ここでバフチンが指摘しているのは、第一に、「私」の定義不可能性である。どんな定義からもすり抜けていくのが私たちの自意識だ。「私」は否定表現でしか定義できない。そして第二に、そのような不定形の「私」を、それでも一個の対人的な「私」（関係的存在）たらしめるのが他者の存在だということである。

　そもそも私たちが自分で思っている自分と人から見える自分とは違う。私たちは自分を外から見ることはできず、たとえば自分の声でさえ、自分に聞こえている音と人に聞こえている音とは違うのである。そのような私たちは、自分が何者であるかを、一回一回他者との関係において自己を表出することによって他者に認識してもらうしかない。

　バフチンは『作者と主人公』で、このような「私」のあり方を、小説における主人公の「私」の問題として取り上げて――「第3章　主人公の空間的形式」では、自分を外からは見られないこと、「第4章　主人公の時間的形式」では、意識は現在にとらわれないこと、「第5章　主人公の意味的形式」では、「私」がつねに自己自身にとって未完成で未完結であることを、それぞれ詳細に分析することによって、生きた人間の「私」というものの定義不可能性を論じている。

　注目すべきは、バフチンがこのような「私」の本質的なあり方を、人間存在の内的自由の問題として肯定的に捉えていることである。そしてバフチンは、既存の哲学における「主体」や「自己」という語を避けて、彼が理解する間主観的な「私」のあり方を表す言葉として「人格」ないし「人格的存在者」という概念をうちだす。

　このバフチンのいう「人格」とは、「自分にとっての私」「私にとっての他者」「他者にとっての私」という自他の人格が形づくる関係の出来事（＝共存在）であり、従来の「主体」や「自己」が表してきた人間の「私」の理解を大きく塗り替えるものである。

２．人格の共存在構造としての小説の分析へ

　バフチンは、彼の人格理論における自他の人格が形づくる関係の出来事の共存在構造を、もっとも具体的で完成された表現として実現しうるものこそまさに小説であると考えた。では、彼の人格理論における「私」と「他者」は、その小説論においてどのように割り振られ、関係づけられているだろうか？

　はじめに断っておくと、『作者と主人公』において、読者は、作者と同じく作品世界を外側から見る視点を持った存在として位置づけられ、主人公は、そうした作者と読者の外在的視点から見られる他者として位置づけられている（これは、改めていわれるとハッとする指摘である）。

　正確にいえば、第３〜５章において、主人公の「私」の内的能動性（＝自由、未完結性）の問題が空間・時間・意味的に論じられたあとに、そうした「私」を持った人格的存在者が、第６章において、今度は作者の外在的視点から造形される「他者」として捉え直されて論じられる。少々まぎらわしいので確認すると、バフチンの人格概念の説明のところで述べた、不定形の「私」に形を与える外在的な他者の位置にここで作者が立つことによって、それまで論じられてきた主人公の「私」が、新たに作者や読者にとっての「他者」として捉え直されるのである。

　このような論文構成のために、私たちは『作者と主人公』を読みながら、実人生における主人公（登場人物）としての私たち自身のあり方と、そうした「私」を外的視点から「他者」として輪郭化し造形する、作者と同じ外在性を持った読者としての私たちのあり方をともに確認することができるようになっている。以下、このバフチンの論文の要となる「第６章　作者の問題」に絞って、彼の小説論における作者と主人公の意味付けを見ていくことにしよう。

３．主人公は他者であり、他者だけが主人公になれる

　『作者と主人公』においてくり返し強調されるのは、小説の主人公とは、私たちと同じような「私」を持った、しかしあくまで他者であるというこ

とである。その理由はただ一つ。先にも述べたように、主人公が小説のなかの人物として、その行動や彼の身に起こる出来事を外側から見られる存在だからということに尽きる（したがってバフチンのいう主人公は、いわゆる主人公だけでなく、登場人物たちも含む広がりを持つ）。

　少し長くなるが、バフチン自身による説明を引用しよう。

　ほかならぬ他者だけが芸術的に見る眼の価値的中心に、したがって主人公になりうること、他者だけが**本質的に**形式を付与され完結されうること。なぜなら価値的な完結——空間的、時間的、意味的な——にあずかるすべての要因が、能動的な自己意識にとっては価値的に外在であり、それらは自分自身に対する価値的な関係の線上には存在しないからである。〈…〉わたしの価値的な自己意識の世界には、わたしの身体と心という美的に意義のある価値も、また全一の人間のうちでのそれらの有機的な芸術的統一も、存在しない。それらは、わたし自身の能動性によってはわたしの視野のうちに構成されない、〈…〉自分にとってのわたしは美的には存在しないのである。わたしはただ、芸術的に形式を付与し完結させるという課題の担い手たりうるだけであって、その対象である主人公にはなり得ないのである。[『バフチン全著作1』：344-345]

　バフチンの文章は難解だが、言っていることはそれほどむずかしくない。私は私自身をけっして外から見ることはできないのだから、外側から見られる存在となりえるのは他者だけである。問題は、そのような「他者」としての主人公に、外在的な作者と読者の「私」がどのように能動的に関与していくことができるかということだ。

4．主人公の「生のコンテキスト」に「美的なコンテキスト」を付与する作者

　それではバフチンは、主人公に対する作者の能動的な関与を、具体的にどのようなものとして考えているのだろうか？　引用を続けよう。

主人公とその世界に対する（作者の——筆者注）美的に創造的な関係とは、死すべきもの（moriturus）としての彼に対する関係である。それは救済をもたらす完結を彼の意味的な緊張に対置することである。そのためには、人が自分自身に留まって真摯に生を体験するかぎり、原理的にいって自分のうちに認めることができないものを——生の観点からではなく生を離れた能動的な観点から、彼に接近するすべを、彼とその世界のうちにはっきりと見て取ることが必要となる。作者とは、生を離れて能動的になれる人間であって、彼は内側から生に（実生活的、社会的、政治的、道徳的、宗教的な生に）参与し、生を理解するだけでなく、それを外側からも愛する者なのである。〈…〉生に対して外側から本質的にアプローチするすべを見いだすこと、これが作者の課題である。〈…〉美的活動は、意味のうちに拡散した世界をとり集めて、それを完結して自足したイメージに凝縮する。〈…〉美的行為は存在を世界の新たな価値的平面に生み出す。新たな人間と、新たな価値的コンテキスト——人間の世界についての思考の平面——が生まれるのである。[347-348]

　この引用からは二つのポイントを抜き出そう。一つは、小説における主人公とその世界の完結性ということ。もう一つは、その完結性が、人間の世界についての思考の平面を生み出すということである。

　現実とフィクション、実人生と小説の最大の違いは、フィクションや小説には終わりがあるということである。作者は作品を完結させることによって、その世界全体を見渡せ、かつ反復できるものとする。そして、まさにその終わりがあることによって、たとえば小説の主人公とその世界は、現実の私たちとその世界では実現不可能な全体像を獲得し、小説のなかの出来事の意味もより深く考えられるようになるのである。

　ここで思い出されるのは、日本の小説家、村田喜代子の言葉である。村田は「本物の世界」と「本の世界」の違いについて触れて、「本物はそこにあるもので、意味なくあり続けるもので、紙に書かれた世界は意味付けをするためにある世界です。思考のために用意し準備されたものです」[1]と述

1　村田喜代子『村田喜代子の本よみ講座』（2023）42 頁。

べている。この言葉は、バフチンの引用における「人間の世界についての思考の平面」としての小説と重ねて読むことができるだろう。小説とは、意味なくあり続ける本物の世界に対して、「意味付けをするためにある世界」であり、「思考のために用意し準備された」「人間の世界についての思考の平面」なのである。

　主人公に対する作者の能動的な関与の問題についていえば、バフチンがここで作者に求められる能力として、「生の観点からではなく生を離れた能動的な観点」や、「生を離れて能動的になれる」ことを挙げていることに着目しよう。このような「生に対して外側から本質的にアプローチする能力」が、続いて「美的活動」「美的行為」と言い換えられる。つまり、バフチンにおいて、作者はそのような美的活動の責任ある担い手として考えられているのだ。これは主人公との対比でいえば、主人公が「生のコンテキスト」を生きているのに対して、作者は「美的なコンテキスト」を担っていると言ってもよいだろう。そして、主人公の「生のコンテキスト」に、作者は「美的なコンテキスト」を付与するのである。

　このようにバフチンの作者観は、引用中の「作者とは生を理解するだけでなく、それを外側からも愛する者である」という言葉に表れているように、外在的視点から他者（主人公）の人格を能動的かつ美的に是認する、責任応答性を持った倫理的なものである。そして読者は、そのような作者が提示する「人間の世界についての思考（意味付け）」に、作者とともに積極的に加わることが求められているのである。

5．確認と考察

　さて、以上のようなバフチンの小説論における人格の共存在構造の分析は、読書とは主人公の気持ちになって、ある意味同一化して物語を読み進めることだと考えてきた読者には、意外なものに思われるかもしれない。読者は作品世界に対する外在性という存在上のステータスにおいて、むしろ作者の立ち位置に近く、小説に描かれた「人間の世界についての思考」に、作者とともに積極的に加わることが求められているというバフチンの小説論は、読者による主人公への感情移入に重きを置く読書理解よりも、

果たして私たちの小説の読みを豊かにしてくれるだろうか？

　そうした読者の疑問に応答するために、ここで中間章を設けて、バフチンの小説論の要点をもう一度確認し、より噛みくだいた表現で解説を行うことにしよう。

5-1　現実とフィクションの類似点と相違点

　まず、フィクションとは何か、小説を読むとはどういうことかという問いに対するバフチンの小説論の基本的な考え方から取り上げよう。

　実人生において私たちは、自分の生を先の見えぬまま進んでいき、そうした自分の姿を外から見ることはけっしてできない。実は、小説における主人公たちも、小説の世界のなかで同じようにして生きている。この意味で、小説の主人公たちは、実人生における私たちの似姿である。

　しかし私たちは小説を読むとき、そうした実人生の私たちの似姿である主人公たちを、読者として外側から見ることができる。このように小説を含むフィクションは、実人生ないし現実世界では絶対に体験不可能なことを私たちに体験させてくれる装置である。

　バフチンの小説論とは、このような現実とフィクション、実人生と小説の関係を、独自の人格概念（人間存在理解）を駆使して考察することによって哲学的に意味づけようとする試みにほかならない。

5-2　主人公が他者であるとはどういうことか？

　次に、バフチンは読者による主人公への感情移入を否定しているわけではまったくないことを指摘しておこう。

　バフチンは、小説の主人公は他者だというが、それでは私たちにとって主人公たちはいったいどのような他者なのだろうか？

　実人生における私たちのあり方の似姿である小説の主人公たちは、もちろん外側から見られるだけでなく、内側からも想像的に体験できる（それゆえ感情移入もできる）特別な他者である。読者はつまり、主人公たちを同時に自分のことのようにも、また他者としても感受することができる。この「私」と「彼・彼女」の想像的な二重体験こそが、小説を読む面白さだといっても過言ではない。

　現にバフチン自身も、読者による感情移入の能動的価値を評価して、「抒
情詩の作者と主人公」の関係を論じた〔第 1 章断片〕において、「美的な感
情移入——対象や主人公を内側から見る眼——は、この外在の地点から能
動的に遂行されるわけで、そこでは感情移入によって得られた素材が、外
的な眼や耳のとらえる物質と結合されて、具体的な結構をもった一個の全
体へと形成される」[94] と述べている。

　しかしそれでもバフチンが主人公の他者性を強調するのは、主人公たち
を外側から造形・形象化する作者と読者の外在性こそが、それがなくては
小説が小説として成り立たない最重要な契機だからである。

5-3　作者の分身的な主人公さえ作者にとっては他者である

　ここでは日本の私小説をはじめとする作中の「私」に現実の作者をその
まま重ねてしまう素朴な読解に対して、バフチンの小説論が行う修正につ
いて取り上げよう。

　題して、「分身は他者のはじまり」。

　バフチンの人格理論の基本テーゼは、「「私」はけっして自己自身と一致
しない」というものである。私たちは自意識を持つ（したがって「私」は
ある）が、その自己同一性はつねに揺れている（昨日書いた日記に今日の
私が違和感を持つことだってある）。「私」を書くことは、私が「書く私」
と「書かれる私」に分裂することである。では、作者の分身的存在を主人
公とした一人称小説におけるこうした「書く私」と「書かれる私」の二重
性をどのように扱ったらよいだろうか？

　バフチンの小説論では、このような「書かれる私」はすでに他者化され
た主人公として捉えられ、「書く私」は作者の外在的ポジションに立つとさ
れる。「見る眼の原理であることをやめて見る眼の対象となった作者は、も
はやその小説の作者ではない」[368] のである。

　バフチンはこの問題について、「抒情詩の作者と主人公」〔第 1 章断片〕
においてプーシキンの恋愛詩を例に引いて、その詩に描かれた「私」の現
実の体験（辛い別れ）が、それを思い返して慈しむ作者の外在的な視点に
よって克服され美的に昇華されていることを、詳細かつ説得力のある文章
で論じている。そこから明らかにされるのは、「抒情詩の「私」であっても

作者と同一視すべきではない。なるほど人間としての主人公は人間として
の作者と一致しうる。しかし、作品の主人公は作品の創り手である作者と
はけっして一致しない」[109] ということである。

　このようにバフチンの小説論は、詩にも小説にも共通する「作者という
虚構の言表主体（隠れた「私」）」[2]（安藤宏）の振る舞いをも考察の視野にお
さめたものである。

6.『作者と主人公』の小説作法

　それではバフチンの小説論において、いったいどんな小説が良い小説と
されるのだろうか？　これについてバフチンは、主人公の設定と描写の条
件についてのみ語っている。

　まず、主人公の設定について、バフチンは作者に対する主人公の自立性
ということを強調する。

　　作者の創造行為（主人公を是認し形式を付与する）に対してどのような
　　自立性も持たない主人公を、作者は**考えだす**ことができない。作者が芸
　　術家として前もって見いだすのは、所与としての主人公（作者の純粋な
　　芸術的行為からは独立した）なのであって、彼は自分の中から主人公を
　　生み出すことはできない──そのような主人公は説得力あるものになら
　　ないのである。[357-358]

　引用中の「彼は自分の中から主人公を生み出すことはできない」という
言葉は特に注目に値する。通常、私たちは、作者は自分に似た人物を主人
公にしたほうが書きやすいだろうと考える。だがバフチンにいわせると、
そうした単に作者の自己表現的な主人公は、人格の複雑な共存在構造を描
くべき小説の「説得力ある」主人公にはならないのである。

2　「作者という虚構の言表主体（隠れた「私」）」は、参考文献に挙げた安藤宏『「私」をつくる
　近代小説の試み』（2015）の鍵概念である。

〔われわれが念頭に置いているのは〕つまり他者たる人間の所与である。〈…〉芸術的行為は何らかの頑強な（弾力性のある、不透明の）実在と出会うのであり、芸術的行為はこれを無視することも、これをみずからのうちにすっかり溶かしてしまうこともできない。主人公のこの美学外的な実在が、形式を付与されて彼の作品に入るのである。主人公——もう一つの意識——のこの実在こそが、芸術の見る眼の**対象**なのであり、その見る眼に**美的な客観性**を付与するのである。[358]

このように、他者としての主人公の自立性（「他者たる人間の所与」）を強調するバフチンは、作者は主人公を「こしらえる」のではなく、主人公と「出会う」という言い方をする。まるで作者が主人公に能動的に関与するためには、主人公は作者に似ていないほうがよいと言っているようだが、それは実際にそのとおりなのである。

バフチンはここで「想像力」という言葉を使っていないが、彼が言っているのは、まさに、小説とは作者の「「私」の自己表現」ではなく「他者に対する想像力」だということだと思われる。このバフチンの洞察は、創作の生理に即しても、また私たちの実体験に即しても深い真実を衝いている。私たちは、自分に対してよりも、他者に対してのほうが自由に想像力を羽ばたかせることができ、また、そのように他者のことを想像することから自己認識がもたらされることもしばしばだからである。

さて、このように示唆にとんだ主人公の設定に較べて、もう一つの、良い小説における描写の条件のほうはいくぶんクラシックである。バフチンは、「われわれが小説に描かれた世界に対する作者の立場を確定するときに、つねに拠り所とするのは以下の点である」として、次のような条件を挙げている。

すなわち、外貌がどう描かれているか、その全一な外在的な形象を作者が与えているか、その境界がどれだけ生き生きとして本質的で堅固であるか、主人公が周囲の世界にどれだけ緊密に組み込まれているか、結末と完結がどれだけ完全で、衷心から情熱的に張りつめているか、〈…〉主人公たちの心がどれだけ生き生きとしているか（それとも単に、精神が

みずからを自力で心に転じようとする悪あがきにすぎないか）。以上のすべての要件を満たすばあいに初めて、美的世界は確固としてそれ自体で充足したものになり、われわれの能動的な芸術的に見る眼のうちで、自分自身と合致するのである。[348-349]

　しかし、昔と今とを問わず、描写力の確かさというのは良い小説の絶対条件である。バフチンがここに挙げている条件は、ことさら目新しいものではないが、またけっして古びることもないだろう。私たちは、バフチンにおいてその条件が、自分とは異なる他者に向けられた「情熱的に張りつめた」緊張感のある想像力によって支えられるものとして捉えられていることを確認しておこう。

7．小説の原理としての作者

　最後に、『作者と主人公』の末尾で唱えられる「小説の原理としての作者」というテーゼを取り上げよう。これは本稿の「5-3　作者の分身的な主人公さえ作者にとっては他者である」の内容とも重なるものである。
　このテーゼにおいてバフチンは、抒情詩の読み方において「抒情詩の「私」であっても作者と同一視すべきではない」と述べたのと同じように、現実の作者とその小説における作者（語り手、またはその語り手を演出する作者）とを同一視すべきではないと述べる。ここでも両者は「人間としては一致しうる」が、「しかし、現実の作者と作品の創り手である作者とはけっして一致しない」のである。

　作者とは読者にとって不可欠の権威であって、読者は作者を人物として、他人として、主人公として、一定の存在として見るのではなく、従うべき**原理**として見るのである〈…〉。創造者である作者の個性とは、独特の美学外的な部類の、創造的な個性なのである。それは明視して形式を付与する能動的な個性であって、明視され形式を付与された個性なのではない。本来の意味での個性に作者がなるのは、彼によって造形された主人公たちの個人的な世界をわたしたちが作者に帰するばあい、あるいは

作者が語り手として部分的に具体化されているばあいだけである。作者はわたしたちにとって一個人に限定されない、またそうであってはならない。というのもわたしたちは作者のうちにあるのだから。彼の能動的に見る眼に感情移入するのだから。〈…〉作者は何よりもまず、作品というできごとから理解されなければならない。このできごとの参加者として、このできごとにおける読者の権威ある導き手として。[367-368]

この引用文で述べられていることもまた、コロンブスの卵のような発見（指摘）なのではないだろうか。同じ作者の作品でも、さまざまなタイプの語り手による小説があり、またそうした語り手がさまざまに演出された小説がある。そのような役割としての作者に着目すれば、一つの作品ごとに一人ずつ固有の作者がいるのである。

　そして、それは何も不思議なことではない。なぜなら、ここでバフチンが「作者は何よりもまず、作品というできごとから理解されなければならない」と書いているように、彼の小説論における作者は、一つ一つの作品においてそのたびに新たに、つまり新たな作者として、他者としての主人公たちが切り結ぶ「人間の世界についての思考」の新しい地平を拓くことを試みるからである。

結びにかえて

　『作者と主人公』は、思想家バフチンが、小説の構造を準拠枠としておのれの人格理論、ひいては彼にとっての「理想の文学」を語った思想的著作である。

　「「私」はけっして自己自身と一致しない」という誰もが実感的に理解できる人間存在理解から始めて、そうした私たちにとっての他者の存在の意義を、小説における作者と主人公の関係の詳細な分析をとおして哲学的に意味づけ、そのなかで読者が荷うべき役割まで明らかにしたバフチンの小説論は、それを知る前と知った後では、読者の意識が変わってしまうような独創性を持っている。

　小説の主人公は他者であり、他者だけが主人公になれる。小説の読者は、

実は作品世界に対する外在性において作者の立ち位置に近く、小説に描かれた「他者に対する想像力」にもとづく「人間の世界についての思考（意味付け）」に、作者とともに積極的に加わることが求められていると説くバフチンの言葉は、学生にとっても十分刺激的なのではないだろうか

参考文献

Бахтин М. М. Собрание сочинений, т.1. Философская эстетика 1920-х годов (Москва, 2003)

バフチン『ミハイル・バフチン全著作第1巻〔行為の哲学によせて〕〔美的活動における作者と主人公〕他』伊東一郎・佐々木寛訳（水声社、1999年）

貝澤哉「ミハイル・バフチンの人格理論における「他者」概念と身体性の問題」、貝澤哉・杉浦秀一・下里俊行編『〈超越性〉と〈生〉の接続　近現代ロシア思想史の批判的再構築に向けて』（水声社、2022年）271-298頁。

中村唯史「打算なき剰余をめぐって：バフチンとエイヘンバウムから」、『ロシア・フォルマリズム再考　新しいソ連文化研究の枠組における総合の試み』（平成18年度〜平成19年度科学研究費補助金（基盤研究（C））研究成果報告書、2008年）60-75頁。

村田喜代子『村田喜代子の本よみ講座』（中央公論新社、2023年）

安藤宏『「私」をつくる　近代小説の試み』（岩波新書、2015年）

バフチンの小説論に興味を持った人には、文庫本で読める以下の本をおすすめします。

バフチン『小説の言葉』伊東一郎訳（平凡社ライブラリー、1996年）

バフチン『ドストエフスキーの創作の問題』桑野隆訳（平凡社ライブラリー、2013年）〔Бахтин М. М. Проблемы творчества Достоевского (Ленинград,1929) の翻訳〕

バフチン『ドストエフスキーの詩学』望月哲男・鈴木淳一訳（ちくま学芸文庫、1995年）〔Бахтин М. М. Проблемы поэтики Достоевского (Москва, 1963) の翻訳。これは1929年版の増補改訂版である〕

第2章
富山の歴史遺産から考える

富山市杉谷4号墳の調査意義と築造背景
—弥生から古墳時代の北陸における地域最有力者の墓—

髙橋浩二

はじめに

　富山大学の杉谷キャンパス（旧 国立富山医科薬科大学）には旧石器時代から中世にかけての遺跡が数多く確認されている。現在、大学施設や附属病院、陸上グラウンド、またこれらをつなぐ道路や周辺の高速道路などになっている箇所も遺跡であるところが少なくない。これらの遺跡の多くが調査後、内容が不明確なまま開発がすすめられたのに対し、富山市杉谷古墳群はその重要性から大学施設を取り巻く竹林や樹林帯の中に現状保存され、今でも墳丘を見学することができる。

　なかでも杉谷4号墳は、方形の四隅が放射状に突き出た特異な形態で、発掘当時島根県を中心とする出雲文化圏以外では初発見の墓制として全国的に注目された。また、弥生時代としては北陸最大級の規模をもち、この地に有力な勢力が台頭したことをものがたる。本稿では、杉谷古墳群に加え、杉谷4号墳と深く関わる杉谷A遺跡について、現在までの調査成果をまとめその意義を述べるとともに歴史的背景にもせまってみたい。

1. 杉谷古墳群の位置と周辺の遺跡

　富山県のほぼ中央に位置し北東へむかって伸びる呉羽丘陵、その南西端に発達した標高60〜70mの台地が杉谷丘陵である。杉谷古墳群は、この丘陵頂部平坦面の南から東側の縁辺に沿って築かれた11基の墳墓からなる古墳群である。このうち最も西に位置するのが杉谷6号墳で、長さ約49.5mの長方形状の墳丘をもつ。4号墳はこの南東側にある。四隅が突出する形態で、現在ではこのような墳墓を「四隅突出型墳丘墓」と呼んでいる。隣接する7号墳や5号墳は小規模な方墳と考えられる。1番塚古墳は古墳群唯一の前方後方墳である。この北東側には方墳の2番塚古墳と8〜10号墳、

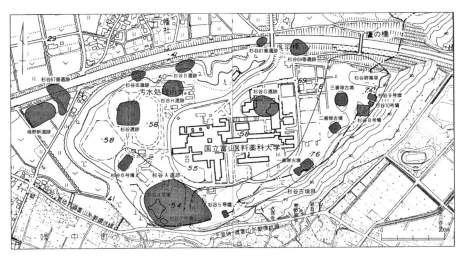

図1　杉谷丘陵周辺の遺跡

また円墳の3番塚古墳がある。他に、中世の塚である杉谷群集塚の下層にも墳丘が推定でき、11号墳と仮称されている。

　呉羽丘陵とその周辺には他にも弥生から古墳時代の遺跡が数多く存在する。本稿と深く関わるものだけ挙げると、まず神通川下流西岸の呉羽丘陵先端部には百塚遺跡や百塚住吉遺跡があり、20m前後の前方後円墳や前方後方墳を含む弥生時代後期後半から古墳時代の墓域と数基の竪穴住居跡が見つかっている。

　杉谷丘陵の南西に展開する羽根丘陵に目を移すと、北側の高所に位置する2基の前方後方墳が富山市最大で全長約66mの勅使塚古墳と、約58mの王塚古墳で、古墳時代前期に相次いで築かれたこの地域最有力者の古墳である。この東に隣接して、弥生時代終末期に遡る可能性をもつ前方後方形墳丘墓の向野塚と、杉谷4号墳と同じ四隅突出型墳丘墓の六治古塚が存在する。また、さらに東側の下位段丘には基盤集落と考えられる千坊山遺跡があり、竪穴住居跡24棟が確認されている。南側へすすむと、山田川の支流である辺呂川沿いの小さな谷をはさんで、四隅突出型墳丘墓2基を含む鏡坂墳墓群が存在する。また、丘陵麓の平地には基盤集落と考えられる鍛冶屋町遺跡があり、竪穴住居跡が確認されている。さらに南側には、山田

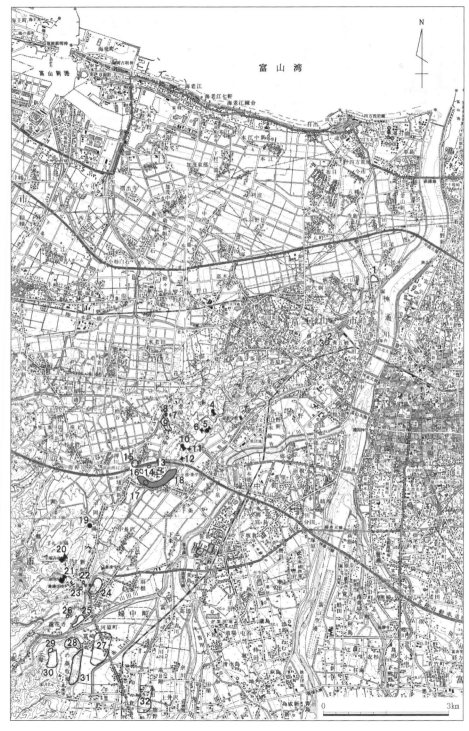

図2　呉羽丘陵及び羽根丘陵周辺の遺跡

川をはさんで、富崎墳墓群や富崎千里古墳群が築かれる。富崎墳墓群には3基の四隅突出型墳丘墓が存在する。また、丘陵麓の山田川と赤江川にはさまれた平地には基盤集落と考えられる富崎遺跡が営まれている。

　神通川やその支流である井田川、山田川などが流れる富山平野を見下ろすように、呉羽丘陵及び羽根丘陵の東側に沿って数kmおきに弥生時代の墳墓や古墳、基盤集落などのまとまりが認められ、県内でも遺跡が集中する所となっている。なお、羽根丘陵の遺跡のうち、勅使塚古墳と王塚古墳、向野塚、六治古塚、千坊山遺跡、富崎墳墓群、富崎千里古墳群（南群）の7つは、この地域における弥生から古墳時代への変遷を考える上で重要なことから、「王塚・千坊山遺跡群」として国史跡に指定されている。

2.　調査に至る主な経緯と経過

　発掘調査前の杉谷丘陵は、茶畑や山林が広がる所であった。高い墳丘が残る杉谷4号墳だけは、森田柿園（1819-1908）の『越中志徴』巻5に「糠塚」として紹介されており、他にも1番塚古墳などいくつかは古くから知られる存在であったようだ。

　富山市教育委員会による呉羽丘陵一帯における埋蔵文化財分布調査の一環で、杉谷丘陵においてはじめて遺跡の発掘が行われたのは1974年2月15日〜3月31日のことである。このとき杉谷古墳群内の1〜3番塚古墳、そして4〜7号墳が調査され、古墳群の形成が古墳時代のごく初期までさかのぼること、また各墳丘の形態やおよその規模、周溝の有無などが確認された。とりわけ4号墳は、北陸に前例がなく、大和政権成立前に出雲地方でのみ類例が認められるものであったことから、「わが国最大のヒトデ型古墳　大

図2 遺跡名

1.百塚・百塚住吉遺跡　2.呉羽山古墳　3.番神山横穴墓群　4.呉羽山丘陵 No.26 古墳　5.呉羽山丘陵 No.16 古墳　6.呉羽山丘陵 No.18 古墳　7.西金屋センガリ山窯跡　8.古沢窯跡群　9.古沢A遺跡　10.古沢塚山古墳　11.呉羽山丘陵 No.10 古墳　12.呉羽山丘陵 No.6 古墳　13.杉谷G遺跡　14.杉谷H遺跡　15.境野新遺跡　16.杉谷遺跡　17.杉谷A遺跡　18.杉谷古墳群　19.二本榎古墳　20.王塚古墳　21.勅使塚古墳　22.向野塚　23.六治古塚　24.千坊山遺跡　25.鍛冶町遺跡　26.鏡坂墳墓群　27.富崎遺跡　28.富崎墳墓群　29.離山砦遺跡　30.富崎赤坂遺跡　31.富崎千里古墳群　32.南部I遺跡

和と別の勢力圏?」(1974年5月2日、朝日新聞) という刺激的な見出しで新聞報道が開始され、全国的に注目をあつめた。

　また、1974年9月2日〜12月27日と翌年1月7日〜9日には、大学への進入路にあたる杉谷A遺跡でも発掘が行われ、杉谷古墳群とほぼ同時期の墓が多数存在することが明らかになった。

　杉谷丘陵の調査計画実施中には、この場所に国立富山医科薬科大学の設置が決定し、県土地開発公社によって公有地化がなされた。しかし、杉谷古墳群がある台地縁辺部は医大では活用ができないと、国は県土地開発公社からの買い戻しの対象外とし、この用地を県厚生部が買い戻すことでおさまったらしい。古墳群全体を囲むように設置されているフェンスは、国と県との当時の所有地の境界を示すものであり、開発から古墳群を守ることにもなったという[1] (藤田2017:p.12)。

　その後、2005年10月に県内3国立大学の統合による新「富山大学」の発足に伴い、県有地であった台地縁辺部の土地が大学へ移管され、以降富山大学が所有し、管理することとなった。

　これを受けて、2010年8月からは富山大学人文学部考古学研究室（歴史文化コース考古学分野）による「考古学実習」「考古学演習」の授業を兼ねた学術調査が開始され、以後2010〜2011年に杉谷6号墳、2012〜2017年に杉谷4号墳、2017年に杉谷7号墳、2018〜2019年に杉谷1番塚古墳の発掘を実施した。また、2020〜2021年には富山市教育委員会が行った杉谷A遺跡及び杉谷古墳群出土の土器を再調査した。

3. 杉谷4号墳について

(1) 富山市教育委員会による調査の成果

　調査の結果、墳丘主部は一辺約25mで正方形に近い形を呈すること、高さが3mあまりであることが分かった。また、墳丘の周りには「周溝」と呼ばれる溝が掘られ、外部と区画されていることが明らかとなった。周溝

1　なお、1982年晩秋には県厚生部が古墳上に遊歩道を設置し墳丘を削平する事態が発生したため、8〜10号墳と仮称11号墳の位置で確認調査が行われた。

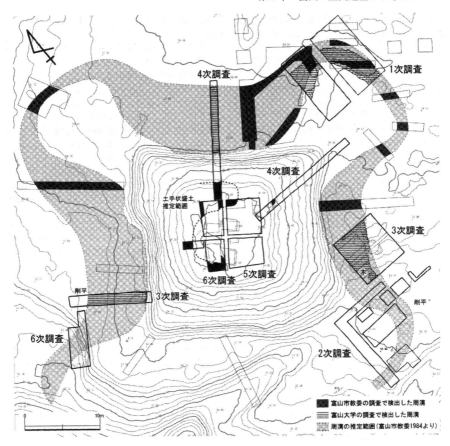

図3　杉谷4号墳の調査区配置図

は北東側で幅7.5m、深さ1.3m、南東側で幅5.0m以上、深さ1.1mを測るかなり大規模なものである。これを追跡していくと、北側及び東側コーナーでは周溝が外側にふくらみ、この部分に長さ約12.0mの突出部が付くことが判明した。突出部先端における周溝は幅1.2m前後、深さ0.7mあまりで、先端へいくほど幅が狭く浅くなること、また周溝を含めた一辺の大きさは47〜48mになることが分かった。

　墳頂部では表土を除去すると盛土が検出され、ほぼ中央の位置において25cm程の標示石と考えられる礫を中心に、2.6×1.3mの長楕円形の範囲に土色の変化が確認された。標示石の存在や土器の出土から、埋葬施設をお

さめた墓壙と推定されている。埋葬施設は未確認だが、周溝や墳頂部から
は北陸土師器第1様式に位置づけられる土器が出土した[2]。

　このように、北側及び東側コーナーの少なくとも2方向に突出部が付く
「四隅突出形」の形態であることが判明し[3]、時期的にも当時島根県下でのみ
見つかっていたものと同種であることが明らかにされた。加えて、島根県
仲仙寺9・10号墳などと比べて倍近い規模をもつこと、墳丘外面に特徴的
に見られる貼石が存在しないという差異が見出された。以降、山陰の四隅
突出形墳丘墓との系譜的関係や勢力間の関係性、また大形の墳丘に埋葬さ
れた杉谷4号墳の被葬者像などが重要な問題となった。

(2) 富山大学による調査の成果

　6次にわたり調査を行った。第1次調査では東側突出部を平面的に発掘し
た結果、突出部の幅8.0m分を確認し、先端部の最も広がった箇所では本
来の幅が14.0～15.5mになると推定した。また、突出部を巡る周溝を発掘
し、突出部基部側ではその幅が約4.5m、深さ約1.55mであるのに対し、
先端部では幅約2.0m、深さ約0.8mというように、先端部へいくほど狭く
浅くなることを再確認した。突出部基部側の周溝はかなり深く、周溝の底
部から墳頂部までを測ると、約4.8mもの高さになることが分かった。

　第2・3次調査では主に墳丘南東側から南側の確認を目的としたが、南側
突出部は本来存在したものの、後世に削平されてしまった可能性を指摘し
た。第3次調査では西側突出部近くの周溝も確認することができた。第4次
調査では墳丘東側における盛土と、北東側における周溝及び盛土の状況を
確認した。

　そして第5・6次調査では墳頂部の発掘を行い、北東辺から南西辺にかけ
てコ字状に土手状盛土を構築した後、その内側に盛土を充填していくこと、
加えて埋葬施設に関わる土層を確認した。ただし、埋葬施設そのものは未

2　北陸第1様式は以降の研究で、石川県の北加賀における月影式と並行すること、月影式は月
　影I式・II式に区分できること、そして月影II式の新段階は弥生時代終末期後半（この時期
　を古墳時代早期とする研究者もいる）の白江式にさらに分離できることが示された。
3　発掘当時、四隅突出型墳丘墓という用語は定着しておらず、報告書には「四隅突出形古墳」
　と記述された。

だ見つかっておらず、副葬品も不明である。また、第6次調査では西側突出部にも後世の削平が及んでいることを確認した。

　破片ではあるが富山大学の調査だけで1,200点を越える土器が出土した。出土土器を比較すると、六治古塚や杉谷A遺跡2号方形周溝墓よりは新しく、百塚住吉・百塚SZ02や勅使塚古墳よりは古いものであり、北陸の土器様式で「白江式」にあたるものであることを明らかにした。

　白江式の時期は、定型化前方後円墳の出現前夜にあたる段階で、一部の研究者は古墳時代早期に、筆者は弥生時代終末期後半に位置づけている。西暦では3世紀前半～中頃に相当し、これは卑弥呼が統治した邪馬台国の時代とも重なる。このような段階に築かれた杉谷4号墳とは、歴史的にどのように評価できるのだろうか。

4. 北陸における四隅突出型墳丘墓という特異な墓制の意義

　杉谷4号墳の発掘後、島根県やその周辺でも調査例が徐々に増えていった。藤田富士夫は杉谷4号墳を評価する中で、ふくらみをもつ突出部がとくに島根県宮山4号墳に酷似し、かつ同一丘陵上に種々の墳形をセットで包括することなどから、共通した意図のもとに築かれたと指摘した（藤田1975:pp.4-5）。そして、政治的、祭祀的支配者の墓が出雲文化圏のそれと強い関わりをもつのは、特定集団間の政治的外交ともいうべき直接交渉の反映とみるべきと考えた（藤田1983:p.185）。後に藤田は1989年に石川県一塚遺跡（21号墓）や富崎墳墓群（1号墓）で発見された四隅突出形墳丘墓にもこれらの指摘があてはまり、北陸圏の複数の首長が系統的に山陰系墓制を採用したと述べている（藤田1990:pp.10-11）。

　また、前田清彦は1992年に新たに確認された福井県小羽山30号墓を加えた北陸4例の造営時期がそれぞれ違うことから、北陸の地域首長が西から東へ順次、山陰の首長（連合）と個別に関係を結んでいったという考えを述べた（前田1995:p.165）。藤田とも近い見解と言えるだろう。

　調査がすすむにつれ、山陰の四隅突出型墳丘墓は墳丘主部が長方形台状で、墳丘の斜面に石を貼り、かつ裾まわりには列状に石を巡らすのを基本とすることが明らかになっていった。一方、北陸では貼石や列石をもつも

のは現在でも1例も確認されていない。

　北陸で最も古い四隅突出型墳丘墓は、弥生時代後期後葉の小羽山30号墓である。杉谷4号墳などのように周りに溝を巡らすのではなく、丘陵後背を大溝で弧状に切断する他は、主に削り出しによって墳丘を築く。突出部を含めた規模は33.2×26.8mで、高さ3.05～3.85mを測る。また、埋葬施設が調査され、木棺内から鉄製短剣1点とガラス製管玉10点、同勾玉1点、碧玉製管玉103点が出土したほか、墓壙直上から施朱と関係する太形蛤刃石斧を転用した石杵1点や30個体を越える祭式土器などが出土した。

　小羽山30号墓は墳丘主部が長方形台状で、突出部は幅に比べて短い。一方、一塚21号墓、富崎1号墓、杉谷4号墳は正方形台状で、突出部には大形化の傾向が認められる。古川登は小羽山30号墓→一塚21号墓→富崎1号墓→杉谷4号墳のように時期が新しくなるにつれて突出部の大形化が型式学的におえること（図4右上）、この現象は山陰で強く認められず、北陸特有であることを明らかにした。また、小羽山30号墓における長方形台状の形態は山陰で主流であり、突出部も肥大化せず、かつ石杵や土器の多量集積を中心とする埋葬儀礼、墳丘の構築工程は島根県西谷3号墓と酷似する一方、他の3基にはこれらが認められない。このことから、小羽山30号墓は在地の墓制を基盤にしつつ山陰の四隅突出形墳丘墓の直接的影響が認められるのに対し、一塚21号墓や富崎1号墓、杉谷4号墳は越前からの二次的影響が伝えられた結果であると指摘した（古川1994:pp.43-47）。

　現在ではさらに類例が増え、福井県で8基、石川県で1基、富山県で7基が確認されている。四隅突出型墳丘墓は中国地方山間部から山陰地方にかけて多数分布し、全国では合計96基ほどになる（松本2007）。このうち最も東に位置するのが杉谷4号墳や羽根丘陵のものである。

　杉谷4号墳や羽根丘陵の四隅突出型墳丘墓は、墳丘の周囲を溝で区画するとともに、削り出しと主に盛土で墳丘を築く。これは在地の墓制の構築法を受け継ぐものである。また、先述のように墳丘主部が正方形台状をなし、貼石や列石を欠く。そして、杉谷4号墳の突出部は、先端が極度に広がった最終段階の形に変化している。羽根丘陵のものは突出部先端が袋状に肥大化して独自の発展を遂げており、山陰のものとはかなり異質と言える。渡邊貞幸も古川説を継承し、これらの造営が越前を介した間接的影響

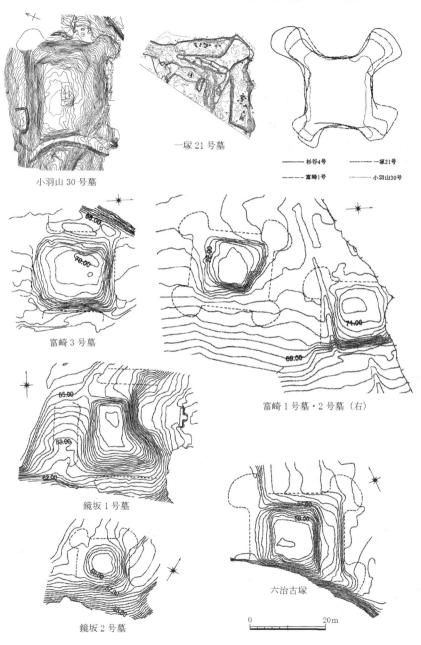

一塚21号墓

杉谷4号
一塚21号
富崎1号
小羽山30号

小羽山 30 号墓

富崎 3 号墓

富崎 1 号墓・2 号墓（右）

鏡坂 1 号墓

鏡坂 2 号墓

六治古塚

0　　　　　　20m

図4　北陸の主な四隅突出形墳丘墓

によることを指摘した。そしてその上で、羽根丘陵のものは富山で最も古い富崎3号墓のスタイルを基本的に踏襲しており、山陰とは直接関係を持たないまま、この地域で独自に展開したと考えた（渡邊2007:p.203）。

　このように富山の四隅突出型墳丘墓は山陰のものと比べて著しく変容していることからも、山陰の四隅突出形墳丘墓からの直接的な影響は考えがたい。だが在地の墓制そのものでもなく、これに間接的ではあるが山陰の四隅突出型墳丘墓の要素が融合したものと考えられる。杉谷4号墳や羽根丘陵におけるこの墓制の採用が、地域最大級の墓やそれと関係する一部の墓に限られることも示唆的である。このことからも被葬者はこの地の有力者たちであり、日本海側の勢力につながる同盟関係に加わる者たちであったと考えたい。

5．杉谷A遺跡について

　杉谷4号墳の南東約100mに隣接する箇所が発掘されている。友坂地区からの大学への進入路になっており、この建設により遺構は消滅した。

　ここからは方形周溝墓と呼ばれる墓16基、円形周溝墓1基などが確認された。このうち規模が記述されていない14～16号墓を除くと、10号墓が一辺約11mと大きく、盟主的な人物の墓と考えられている。1号墓もこれに類するとされている。3号墓も一辺約11mと大きく、これに一辺約5～6mの4・5号墓が従属するようにつくられる。また、6号墓は一辺約10.5m、2号墓も一辺約9mで、他は一辺約5～6mと小形である。円形周溝墓は6.5×5.9mのやや楕円形を呈する。

　これだけの数の墓が一時期にまとめてつくられたわけではない。詳しく調べると、弥生時代終末期前半の月影式を中心としながらも、白江式や古墳時代前期前葉の古府クルビ式の段階にかかる可能性をもつ土器が出土しており、造墓が長期にわたっていたことが分かる。これらの中には杉谷4号墳と同時期の墓も存在する。

　副葬品は、上記のうち主として大形やそれに類する墓である1号墓（鉄製ヤリガンナ1点、ガラス小玉）や2号墓（素環頭鉄刀1点、ガラス小玉）、3号墓（素環頭鉄刀1点、鉄製ヤリガンナ片4点、ガラス小玉など）、10号

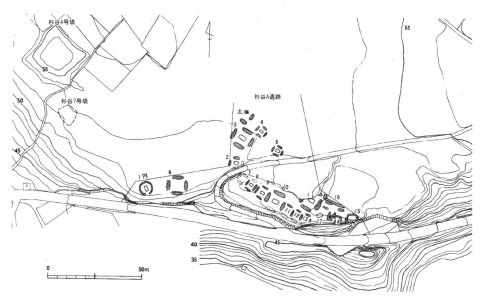

図５　杉谷Ａ遺跡と杉谷４号墳

墓（銅鏃１点、ガラス小玉）、17号墓（鉄剣１点、ガラス小玉）などから見つかった。規模が大きく集団の指導者やこれに匹敵する人物のものと考えられる墓を中心に副葬品が出土していることが分かる。

とくに注目されるのは素環頭鉄刀である。握り部分の先端に環が備わる特徴的な形態で、中国や朝鮮半島からの舶載品説と一部に国産品を認める説がある。２号墓出土例は長さ45cmである。３つに分かれているが、３号墓例もほぼ同大と考えられる。環の直径が大きく、かつ茎の先端が緩やかに曲がって環へ移行する形態は、豊島直博によってⅣ式に分類されるものであり、やや小形だが類似例は福井県原目山２号墓でも出土している。豊島はⅣ式が北陸にのみ出土することなどから、これを北陸産と考えている（豊島2010:pp.69-74）。

弥生時代において、鉄素材や鉄製品は中国や朝鮮半島からの流通に依存するものであった。なかでも鉄製品の中では大形品のため多量の鉄素材を必要とする刀剣類は、流通量が限られるものである。弥生時代の墳墓出土例を調べると、越前で17点、加賀で８点、越中で５点、越後で１点という

ように、北陸の西から東へいくにしたがって出土数が減少し、また小形化する傾向が認められる。このことは鉄製刀剣類が西から東の地域へともたらされたことを表している。杉谷A遺跡からはヤリガンナなどの小形の農工具類や鉄片も含め鉄製品が一定数出土していることから推定すると、この集団の元に集まった後、さらに東の地域の集団へ交易されたものがあったと考えられるだろう。

6. 北陸地方最大級の墓が築かれた意義

　杉谷4号墳は、杉谷A遺跡で盟主的な墓とされている10号墓や3号墓などと比べて倍以上の規模をもつ。目視できるほど近接し、かつ時期的にも重なる杉谷4号墳は、有力者層を含む墓域である杉谷A遺跡に埋葬された人物よりも階層的にさらに上位の者の墓と判断できる。加えて、その墳形には他地域の勢力との交流もうかがえる。杉谷4号墳には、さらに豊富な鉄製品や玉類などが副葬されている可能性が推定できるだろう。

　弥生時代になると水稲耕作を経済の基盤におく社会が形成されはじめる。水田で稲を育てるには、水路や堰を設けながら小河川から水を引く必要がある。これには多くの人員が必要で、労働力を結集するためには地域的なまとまりの形成が不可欠である。このような小河川を一単位とするような地域的まとまりをここでは「小地域」とし、さらに近隣にある複数の小地域が結合して形成された広いまとまりを「地域」と呼ぶことにする。

　羽根丘陵に築かれた四隅突出形墳丘墓に関しては、その位置関係から富崎墳墓群と富崎遺跡、鏡坂墳墓群と鍛冶屋町遺跡、六治古塚と千坊山遺跡という墓域と居住域の対応が指摘されており（大野2007）、それぞれが数百mの間隔で並立する状況が見てとれる。鏡坂2号墓以外は墳丘主部だけで一辺20m以上の大きさをもち、規模からみても、山田川流域という小地域に基盤をおく集団の中の有力者たちの墓だったと考えられる。ここから約3.0km北東にあるのが杉谷丘陵の遺跡である。ここでは基盤集落は不明だが、井田川流域のこの地区に基盤をおく集団の有力者たちの墓域が杉谷A遺跡と考えられ、さらに上位の者の墓が杉谷4号墳である。

　四隅突出という特異な墳形は、先述のように県内においては限られた有

時代	時期		羽根丘陵 （山田川流域）	杉谷丘陵 （井田川流域）	呉羽丘陵北部 （神通川下流域）
弥生時代	後期	後葉	✸ 富崎3号墓		
	終末期	前葉	✸ 富崎2号墓 ✸		
		中葉	✸ ✸ 鏡坂1・2号墓 ✸		百塚・百塚住吉遺跡
		後葉	富崎1号墓 六治古塚	✸ 杉谷4号墳	▮ SZ03
古墳時代	前期	前半	▮ 向野塚 富崎千里9号墳 勅使塚古墳 ▮	▮ 杉谷1番塚古墳	♟ SZ04 ▮ SZ02 ♟ SZ01
		後半	▮ 王塚古墳		

図6　呉羽丘陵周辺における主な弥生時代の墳墓と古墳の変遷

✸：四隅突出型墳丘墓、▮：前方後方墳、♟：前方後円墳　グレーは時期が不明確なもの

力者層にのみ採用された墓制であり、また被葬者間の強い結び付きを表すものと考える。これらのうち最も古いのが弥生時代後期後葉の富崎3号墓であり、以降、終末期前葉の富崎2号墓・鏡坂1号墓・同2号墓→終末期中葉の富崎1号墓・六治古塚→終末期後葉の杉谷4号墳という築造順が考えられている（大野2007:pp.135-139）。当初は、山田川流域の集団に限られるものであったが、杉谷4号墳の段階には、杉谷地区の集団の最有力者にもこの墓制が共有されるようになる。

　杉谷4号墳は突出部まで含めると一段と大きく、弥生時代としては県内最大、北陸地方全体でも最大級の規模をもつ墓である。この段階には、数kmの間隔をおいて並立する小地域どうしの結び付きがいっそう強まり、このように地域としてのまとまりが拡大するにしたがい、杉谷4号墓のような規模、内容の傑出した墓が現れるようになったことを示している。つまり杉谷4号墳は、地域集団連合の最上位に立つ、この地域を治めた首長の墓と判断できる。その意味で、「クニ」と表現できるようなまとまりがこの段階に成立した可能性を考えてみたい。

7. 杉谷古墳群のその後

　古墳時代前期初頭には呉羽丘陵先端部の百塚地区に小規模ながら早くも前方後円墳が出現する。また、六治古塚の近くにも小形の前方後方墳（前

方後方形周溝墓）である向野塚が築かれる。地域を統括する首長にまで成長した杉谷4号墳の被葬者であるが、しかしこれに続く段階に際立って規模の大きな地域最有力者の古墳は杉谷古墳群の中には認められない。

　北陸において前方後方墳は古墳時代中期には衰退するので、杉谷古墳群中唯一の前方後方墳である杉谷1番塚古墳は、古墳時代前期の築造と考えてよいだろう。富山大学では再測量の結果、この古墳が全長45mである可能性を指摘した[4]。藤田は低い前方部が張り出し状に付随することから、勅使塚古墳や王塚古墳のような整美な前方後方墳に先行する在地的形態と捉えた（藤田1975:p.8）。筆者も勅使塚古墳と同じく後方部に比べて前方部が低く、幅も狭い形態であり、王塚古墳のように前方部が高く発達したものではないため、古墳時代前期前半までに築かれた可能性が高いと考える。

　古墳時代前期前半には、県内ではじめて60m級の古墳が登場する。その一つが勅使塚古墳であり、続けて王塚古墳が築かれる。これらはその規模からみて、2代にわたる地域最有力者の古墳であり、この段階には山田川流域の集団へ盟主的な地位が移ったものと考えられる。

　古墳時代に入ると、大和（奈良県）を中心にして全長200mを越える規模の前方後円墳が築かれることなどから、前方後円墳を頂点とする古墳の階層性が形成されたと考えられている。これは、大和に基盤をおく勢力を中心にした政治体制（大和政権）の成立を意味している。

　このように邪馬台国の段階にあって輝いた杉谷4号墳を輩出した集団の栄光も、大和政権が成立した古墳時代前期には早くも翳りはじめたようである。呉羽丘陵やその周辺の弥生墳墓から古墳への変遷は、日本列島におけるクニづくりの過程を反映するものとも言えるだろう。

おわりに

　本稿で述べたように、杉谷4号墳は研究史的にも、墳丘の規模や内容からみても、羽根丘陵の遺跡群と同様に国史跡級の価値をもつ。また、この

4　富山市教育委員会の調査では、後方部の一辺が約21×22mで、全長約56mの古墳とされているが、これは一般的な前方後方墳に対して、前方部が不自然に長いものと言える。

ような大形の墳墓の出現過程やその後の変遷を考える上で、杉谷古墳群の
他の古墳も重要であり、全体的に保全し後世に伝える必要がある。

　富山市教育委員会による調査が行われて50年が経過したいま、発掘当時
よりも注目度は低下している。本稿を通じてこの遺跡の重要性を再認識し、
県内や北陸におけるクニの形成過程を考える機会になれば幸いである。呉
羽丘陵東麓にたつ富山市民俗民芸村の考古資料館には、杉谷４号墳や杉谷
Ａ遺跡の出土品が展示されている。また、現地には古いが遊歩道もあるの
で、ぜひ見学していただきたい。

　文献
富山市教育委員会 1974『富山市杉谷地内埋蔵文化財予備調査報告書』
富山市教育委員会 1984『富山市呉羽山丘陵古墳分布調査報告書』
豊島直博 2010「弥生時代における素環刀の地域性」『鉄製武器の流通と初期国家形成』
　塙書房
藤田富士夫 1975「富山県における古墳発生期の調査とその成果−主に外地系要素の在り方を
　めぐって−」『古代学研究』第76号、古代学研究会
藤田富士夫 1990『古代の日本海文化』中公新書981、中央公論社
藤田富士夫 2017「呉羽山丘陵の古墳調査のころ−人・モノ・コトを振り返る−」『富山市考古
　資料館紀要』第36号、富山市考古資料館
古川　登 1994「北陸型四隅突出形墳丘墓について」『大境』第16号、富山考古学会
前田清彦 1995「四隅突出形墳墓と北陸弥生墓制」『旭遺跡群』Ⅲ、石川県松任市教育委
　員会
松本岩雄 2007「附遍　四隅突出形墳丘墓一覧」『四隅突出形墳丘墓と弥生墓制』島根県
　古代文化センター・島根県埋蔵文化財調査センター
渡邊貞幸 2007「まとめにかえて−四隅突出形墳丘墓概説−」同上

　この分野を学ぶための基本的文献
大野英子 2007『王塚・千坊山遺跡群』日本の遺跡18、同成社
東森市良 1989『四隅突出形墳丘墓』考古学ライブラリー54、ニュー・サイエンス社
藤田富士夫 1983『日本の古代遺跡13　富山』保育社

　挿図出典
図1：古沢校下ふるさとづくり推進協議会 2009『海を越えての交流−杉谷４号墳と四隅突出
　墳−』所収の図を一部改変

図2：富山大学人文学部考古学研究室2020『杉谷1番塚古墳−第1次調査報告書−』所収の図を一部改変

図3：泉田侑希2021「富山県富山市杉谷古墳群」『考古学ジャーナル』№756、ニューサイエンス社から引用

図4：右上は古川1994から引用、他は福井市立郷土歴史博物館2010『小羽山墳墓群の研究−資料編−』、石川県松任市教育委員会1995『旭遺跡群』I、婦中町教育委員会2002『富山県婦中町千坊山遺跡群試掘調査報告書』から引用

図5：富山市教育委員会1975『富山市杉谷(A・G・H)遺跡発掘調査報告書』所収の図を一部改変

図6：筆者作成

第 3 章
言語を探究する

気づかない方言文末詞に気づくとき

安藤智子

1．はじめに

　当然通じると思っていたことばが通じなかったり、普通の言い方だと思って話したら変な言い方だと指摘されたりして、驚いたことのある人は少なくないであろう。例えば、富山大学の学生からは、模造紙のことを「ガンピ」と言ったら、他県出身の友人に通じなかった、という話をしばしば耳にする。こうした現象は、大学に入学したときや就職したときなど、生まれ育った場所から離れて他の地域で暮らし始める際や、自分が生まれ育った場所に他所からやってきた人と知り合う際、特によく出くわすものである。ひとつの言語の中にも、地域による差異すなわち地域方言があることが、その主な要因である。

　本稿では、どういう要素が地域特有であることに気づかれにくいのか、なぜ地域特有の言い方であることに気づかないのかといった問題について考察したうえで、過去の研究で指摘されてこなかった岐阜県東濃方言の文末詞を取り上げ、実態を報告する。

2．東濃方言と共通語との関係

　現在の共通語のもととなったのは、東京の山の手ことばを基盤として上方などの要素を取り込んだものとされる。中山道が通る岐阜県南東部の東濃方言は、その地理的な位置から、東京を中心とする東日本方言と上方を中心とする西日本方言の特徴がグラデーション状に混じり合う、方言連続体 (dialect continuum) の中にある。そこに、下街道（国道19号線）を通じてもうひとつの文化的・経済的中心である尾張名古屋の影響が加わるが、尾張方言自体も、巨視的に見れば東西の方言連続体の一部である。このような位置にある東濃方言は、言語の改新を受けにくい山間部という地理的条件下にありながら、都会の狭間でもあって共通語との距離は大きなもの

ではない。

　実際に、20世紀半ばに行われた方言調査に基づく、82の語が共通語と同じ語形で出現する調査地点数の割合は、82語の平均が岐阜県で43.2%であり、ほぼ同じ経度に位置する太平洋側の愛知県（47.5%）に近く、日本海側の富山県（31.1%）と比べて高い（河西 1981:53）[1]。

　東濃方言を含む東海地方では、このように共通語との差異が大きくないという事情もあって、北陸地方などと比較して、人々の方言使用に関する意識や、共通語との使い分けの意識が希薄であると指摘されている（田中他 2016:141）。単純に言えば、共通語との違いが微妙なものであるがゆえに、どこがどう違うかを話者自身が認識しにくく、かえって使い分けを意識しにくいということであろう。

3．気づかない方言

　普段、無意識にその地域の方言で話している人でも、大勢の人の前で話す際や、他所から来た人と話す際などは、通じやすさを重視して共通語を使おうとする傾向がある。しかし、ある表現が共通語に含まれるかどうかは、必ずしも皆が知っているわけではなく、上述の「ガンピ」の例のように、方言特有の表現を共通語に含まれるものと思い込んでいる場合がある。

　このように、方言話者が全国で通じるものと誤認している方言要素は、多数の研究者によってそれぞれに定義され、研究の対象となっている。国として共通語の普及を目指していた第二次世界大戦直後には、こうした誤認が「えせ共通語」（国立国語研究所1951）といった侮辱的な呼称を付けられたこともあったが、1980年代からは、言語の混交のさまを客観的に観察するという言語学的視点での研究が多くなった。そのうち、井上（1981）はこうした方言要素を「気づかない方言」と呼び、井上（1988）において次のような特徴を挙げている。

1　参考値として挙げると、平均値の最高は島嶼部を除く東京都（61.6%）、最低は沖縄県（3.3%）である（河西 1981:53）。

① 語形が全国共通語と一致、意味がずれている
　　例：ナオス（＝しまう）［西日本］、コワイ（＝疲れた）［全国各地］、トブ（＝走る）［中部地方］　など
② 公の場であまり使われないようなことば
　　例：ウルケル（＝ふやける）、みそ汁をモル［以上、東北］、櫛で髪をトク、ご飯をツグ［以上、西日本］　など
③ 公的な場面で堂々と使われることば
　　例：モータープール（＝駐車場）［関西］、校区・校下（＝学区）［西日本］、校時（＝〜時間目）［東日本各地］、ラーフル（＝黒板ふき）［鹿児島］　など
④ 「全国共通語だと思われていることばのなかにも、地域差を示すものがある」
　　例：ダイブン（＝大分）、ムツカシイ（＝難しい）［西日本の人に多い］

（井上 1988: 302）

　上述の「ガンピ」は、学校で使うことばであるから、このうちの③に当たると言えよう。④は、文字どおりに解釈すれば「気づかない方言」そのものの定義のようにも思われるが、これについて沖（1999:156）は、「共通語形のゆれが地域的な分布をもって表れている」ということであると解釈している。つまり、「共通語」と言っても語形がひとつに限定されるとは限らず、複数の語形に地域的に偏りのある分布が見られるということであろう。

　井上（1988）の①〜④に付け加えるとすれば、次の⑤、⑥も、方言特有であることに気づかないことにつながる特徴であると考えられる。

⑤　正確に通じなくても問題なく済まされる表現
⑥　文脈などから意味が推定できる表現

　例えば、富山方言で「足先をツクツクニ（＝まっすぐ尖ったように）伸ばす」と聞いたとき、「ツクツク」というオノマトペが初めて聞く表現であっても、「足先を伸ばす」が理解できれば問題なく、聞き返す必要は生じ

ない。また、「病院で相談したら、薬、アタッタ」と聞けば、「病院なら、アタッタといっても『当選した』とか『中毒になった』ではなく、『もらえた』というような意味だろう」と推定できる。このように、おおまかにでも意味が推定できれば、日常の他愛ない会話では改めて聞き直されることがないため、相手にとって違和感のある表現であることや、推察によってどうにか汲み取ってもらえたのだということに、話し手が気づく機会がない。

4．文末詞

4.1　気づかない方言文末詞

　地域的な方言の要素には、富山の「ガンピ」のような名詞の語形や西日本の「ナオス」といった動詞の意味など、いわゆる内容語 (content word) だけでなく、助詞や助動詞といった機能語 (functional word) もある。機能語はどのような話題でも出現し、出現頻度も高いため、有名な「京へ、筑紫に、坂東さ」の諺にも見られるように、方言の特徴として注目されることが多い。それにもかかわらず、機能語にも「気づかない」要素が存在する。機能語のうち、終助詞や「〜ジャナイ」「〜ダロウ」などの文末に生じる表現をまとめて文末詞と呼ぶことがある（藤原 1972）。

　文末詞の主な機能に、モダリティ (modality) の標示がある。モダリティとは、伝える内容（命題）に対する話し手の心的態度（確信の程度や必要性の程度など）および発話・伝達の態度（単に伝えるのか、答を求めて質問するのか、行動を求めて働きかけるのか、など）のことである（仁田 2002）。例えば、文末詞により、「太郎は肉を食べるだろう。」「太郎は肉を食べるかもしれない。」「太郎は肉を食べるべきだ。」「太郎は肉を食べるよ。」「太郎は肉を食べるのか。」「肉を食べなさい。」というように、さまざまなモダリティを示すことができる。

　文末詞は、イントネーションによって表すモダリティが変化することがある。例えば、「太郎は肉を食べるのか。」を上昇調のイントネーションで言えば質問の意図を表すが、下降調で言えば、理解・納得した気持ちを表すことになる。また、本来は過去の助動詞の仮定形である「タラ」を用い

た「肉を食べたら」という表現は、文字どおりに受け取れば仮定を示しているにすぎないが、これを上昇調のイントネーションで文末詞として使うと、「聞き手が肉を食べることを勧める」という話し手の発話態度を表すことができる。

　命題が正しく伝わりさえすれば、モダリティは文脈やその場の状況から推察できる場合もあるし、さほど厳密に伝わらなくても問題なくことが進む場合もある。一方で、そうであるからこそ、モダリティを示す文末詞が方言によって異なる場合、聞き手の理解が推察によるものであったり、あるいは誤解が生じたりしていることに、話し手が気づかないという事態も生じうる。これは前節で挙げた⑤や⑥に該当する。

　例えば、富山方言では文末の「ガ」が、共通語で文末詞のひとつともなる準体助詞「ノ」と大きく重なる機能を持つため、「あなたは図書館に行くの？」と尋ねる意図で「図書館、行くガ」と上昇調で言うことが多い。非富山方言話者がこれを聞くと、逆接の接続助詞「ガ」を付けて後に主節を言い残している「行くけれど…」という意味とする誤解が生じうる。このとき、非方言話者が続きを促す相槌のつもりで「うん」と言うと、富山方言話者は肯定の返事を受けたと誤解して、「あ、行くガだね。」（＝（あなたは）行くんだね）と、非方言話者の誤解に気づかないまま話が終わってしまうことも実際にあるという[2]。

4.2　共通語の文末詞「ヨ」

　共通語の文末詞の研究において、盛んに取り上げられてきたもののひとつに「ヨ」がある。「ヨ」も、イントネーションによりやや異なるニュアンスを表しうる。

(1)　a. 窓、開けるヨ↑
　　　b. 窓、開けるヨ↓[3]

2　富山大学学生の談による。

3　簡易的に「↑」は上昇調、「↓」は下降調のイントネーションを表す。ここで言う上昇調は郡 (2021) の疑問型上昇調、下降調は郡 (2021) の低接無音調に当たるが、無音調については、「上昇調」との対比でのわかりやすさから本稿では「下降調」と呼ぶことにする。

蓮沼（1997）は「ヨ」の機能をイントネーション別に次のようにまとめている。

a. 上昇調は聞き手側に認識の欠落や誤認がある（あるいは見込まれる）状況で、聞き手における認識能力の発動、および認識形成を指示する。
b. 下降調は、聞き手、話し手、あるいはその両者に予め認識の欠落や誤認がある状況で、既有知識や常識的な判断能力を動員し、損なわれた認識の回復を指示する。

（蓮沼 1997:582）

話し手から聞き手へ伝える平叙文のみを想定した場合、この蓮沼（1997）の分析を簡便にまとめれば、上昇調では、認識が不足している聞き手に対して認識させようとする話し手の態度を示す機能であり、下降調では、認識が不足している聞き手に対し「認識できるはずのことを認識していないようだから認識せよ」と求める機能であると言えよう。この共通語の下降調の「ヨ」の機能を、ここでは「認識回復要請」と呼ぶことにする。

「窓を開けるよ」が平叙文であるとすると、(1) のように主語（「開ける」の動作主体）が省略されている場合、主語は話し手であるというのが通常の解釈であるため、蓮沼 (1997) の分析に従うと、下降調の認識回復要請では、「私が窓を開けるということをあなたは認識できるはずなのだから、認識せよ」、ひいては「あなたも認識できるとおり、私は窓を開けるつもりでいるのだから、急かすな」といった意味になる。このように、下降調の「ヨ」は、一種の反発する気持ちや、認識不足の相手に対するいらだちを表すことにつながるという点で、上昇調と異なるニュアンスが生じる。

5．東濃方言の「ヨ」

5.1　共通語と同じ「ヨ」

東濃地区においても、共通語と同様に、動詞述語の後に上昇調・下降調の「ヨ」が用いられている。

39

(2)　a. マド　アケル｜ヨ↑／ニ↑｜（＝窓を開けるよ）
　　　b. マド　アケル｜ヨ↓／ワ↓；テ↓｜（＝窓を開けるよ）

　より伝統的な方言的文体としては、「ヨ」に近いモダリティを担う表現として上昇調の「ニ」、下降調の「ワ」「テ」を用いるが、「ヨ」も頻繁に用いられる。この「ヨ」は、「東濃地区で（も）用いられている」ということは確実に言えるが、これを東濃方言の表現と呼ぶかどうかは、議論の分かれるところであろう。「共通語だが、東濃地区でも用いられる」とするべきか、「東濃方言に新しい表現として組み込まれている」とするべきかという問題である。交通や通信が便利になった現代では、各地の方言は方言連続体の中で混じり合うだけでなく、情報の巨大な発信源である東京のことばや、マスコミを中心に用いられる共通語の影響を受けて、いずれも共通語化の波にさらされている。すなわち、ひとつの方言も一様ではなく、様々な層からなり、変化しつつあるのである。このように考えると、ひとつのコミュニティで使われていることばについて、方言と共通語の境界を厳密に定めることは現実的でない。まして、2節で述べたように共通語との境界があいまいな東濃方言では、その地域の近しい人同士がかわすことばとして自然な表現であれば、伝統的な表現でなくとも「現在の方言」として扱うのが適切であると考えられるため、本稿では、これらの「ヨ」を東濃方言に組み込まれたものとして扱うことにする。

5.2　共通語にない「ヨ」

　しかし、共通語との乖離が大きくない東濃方言においても、下降調の「ヨ」には共通語と異なる用法が存在する。5.1節で見た共通語と同じ認識回復要請に加えて、「（あなたが）窓を開けるといい」といった「勧め」のモダリティを表す際に用いられることがあるのである。「勧め」のモダリティとは、姫野 (1997) の定義によれば、動作を行う者（動作主体）、その動作によって利益を受ける者（受益者）、その動作を行うかどうかを決定する者（決定者）がいずれも聞き手であるような場合に、動作を行うよう話し手が聞き手に働きかけることである。

　主語を言わずに「アケルヨ↓」と言う場合、認識回復要請であれば、通

常、共通語と同様に「私が開ける」という話し手自身の意思を伝えていることになるが、東濃方言特有の勧めであれば、「（あなたにとって有益であるから）あなたが開けることを私が勧める」ということになる。このどちらの解釈も、共通語の要素と伝統的な方言の要素の混在するコミュニティにおいては、ありうるわけである。

　どちらの意味になるのか、文脈などから一義に決まる場合もある。例えば、体調不良で苦しんでいる聞き手に向かって、話し手が「クスリ、ノムヨ」と言えば、薬を飲むべきなのは聞き手であるという意味であることは、状況から自明である。また、東濃方言の尊敬語で「スワリャースヨ」（＝お座りになる＋ヨ）と言えば、尊敬語の主語が話し手でないことは明白である。このような場合、たとえ「ヨ」の勧めの意味を知らない人であっても、話し手の意図を推察できることから、コミュニケーションの齟齬が生じることなく、「聞き手が「ヨ」の勧めの意味を知らない」ということに話し手が気づかないままになってしまう可能性がある。

6．調査

6.1　調査の概要

　おそらく5.2節で見たとおり「気づきにくい」というモダリティの特性によって、また、他のモダリティに比べて勧めについての研究が不足していることによって、勧めの「ヨ」は、これまでの日本の膨大な方言研究の成果の中で、見過ごされてきたようである。管見の限り、文献での指摘は拙稿（2023）のみである。そこで、東濃地区居住者・出身者を対象に調査を行い、「ヨ」が勧めとして用いられる実態を確認する。

　調査は、主としてオンラインアンケート（Microsoft Forms）により行い、通信機器の使用が難しい被験者に限り対面で調査を行う。調査項目の内、本稿では、次の2つを取りあげて報告する。

Ⅰ．次の男女の合成音声によるやり取りを刺激音声とする。「アケルヨ」の部分に3種のイントネーションを合成する。事前の質問で方言形「アツケヤ」（＝暑いなら）の使用・理解を尋ね、「使用する」また

は「意味がわかる」という被験者には「アツケヤ」、「意味がわから
ない」という被験者には「アツイナラ」を含むやり取りを聞かせる。
　　男声「アツーナー」（＝暑いなあ）
　　女声「アツケヤ／アツイナラ　マド　アケルヨ」
被験者は、「マド　アケルヨ」の部分について動作主体の異なる選
択肢から回答する。
Ⅱ．Ⅰの項目のうち下降調のイントネーションで勧めの意味の解釈をし
た被験者が、「トコヤ　イクヨ」（「床屋、行くよ」）を下降調のイン
トネーションで発音された刺激音声を聞き、どのような意味かを共
通語の選択肢から回答する。

　このうち、Ⅰの3種のイントネーションは、高接上昇調・低接上昇調・
下降調である。「アケル」という語は共通語でも東濃方言でも平板型アクセ
ントであり末尾が高いが、そこからさらに上昇するのが高接上昇調であり、
「アケル」の後でいったん急下降（低接）した後で急上昇するイントネー
ションが低接上昇調である。ここで提示する下降調は低接の急下降の後で
自然に下降するイントネーション（低接下降調）である。「アケル」の高い
末尾で「ヨ」の/o/に入ってから下降し始める高接下降調については、「開
けるように」という意味になるため、調査から除外する。使用した合成音
声のピッチ曲線を図1に示す。線の濃い順に、下降調、高接上昇調、低接
上昇調である。

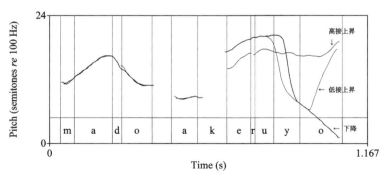

図1：項目Ⅰの刺激音声のピッチ曲線

回答者は全151名であり、その内訳は表1のとおりである。

表1：回答者数（人）

生年	男性	女性	計
1940年代以前	12	16	28
1950年代	8	16	24
1960年代	21	24	45
1970年代	6	28	34
1980年代	1	3	4
1990年代	2	7	9
2000年代以降	5	2	7

6.2　項目Ⅰの結果

　項目Ⅰの選択肢として、「暑いなら、わたしが窓を開けるよ。」（以下「わたし」）、「暑いなら、あなたが窓を開けるといいよ。」（以下「あなた」）、「両方の意味がある」（以下「両方」）、「その他（自由記述）」を提示した。話し手「わたし」が動作主体となるという回答であれば、共通語と同じ「自らが行う」という宣言と解釈したことになり、聞き手「あなた」が動作主体となるという回答であれば、勧めの意味と解釈したことになる。選択された回答数および選択割合 (%) は表2のとおりであり、「その他」の回答はなかった。図2は表2をグラフ化したものである。

表2：項目Ⅰの結果（全体）

	わたし（宣言）		両方		あなた（勧め）		計
高接上昇	130	86.1%	14	9.3%	7	4.6%	151(100%)
低接上昇	125	82.8%	13	8.6%	13	8.6%	151(100%)
下降	43	28.5%	12	7.9%	96	63.6%	151(100%)

■わたし　■両方　■あなた

高接上昇	86.1	9.3	4.6
低接上昇	82.8	8.6	8.6
下降	28.5 / 7.9	63.6	

図2：項目Iの結果（%）

　表2および図2に示す結果から、上昇調では共通語と同様に「わたし」の意味の解釈が圧倒的であることがわかる。一方、下降調では「あなた」が多く選ばれており、勧めの用法があると言える。「両方の意味がある」と認識する人は少ないが、下降調では「わたし」との回答も「あなた」の半数近くあり、同じ表現を異なる意味で受けとる人がいることがわかる。

6.2.1　出身地域の因子

　「東濃」という地域名が指す範囲は厳密に定められていないが、2023年現在の自治体としては、東濃西部として多治見市・土岐市・瑞浪市、東濃東部として恵那市・中津川市を指すことが多い。本調査でもこの5市を主な対象としているが、可児市・可児郡御嵩町・加茂郡八百津町（通常、可茂地区または中濃地区に含められる）も東濃西部とつながりの強い地域「可茂南東部」として考慮に入れる。広く「東濃の人」を対象に回答を募ったため、東濃出身で現在は他地域に居住する人や、出身は地域外であるが現在東濃に住んでいる人、近隣地域の人も回答者に含まれている。

　本節では、回答者の出身地域別に結果を整理する。各人の出身地域を1つに限定することは難しい場合もあるが、本調査では、出身の小学校（途

中で転校した場合は最も長く在籍した小学校）が置かれている自治体を回答していただいた。東濃地域には私立の小学校がなく、基本的に居住している自治体の公立小学校に通うためである。東濃以外の出身者には、岐阜県内4名、愛知県8名、三重県1名、富山県1名の中部地方出身のほか、首都圏2名、近畿圏4名の出身者があった。

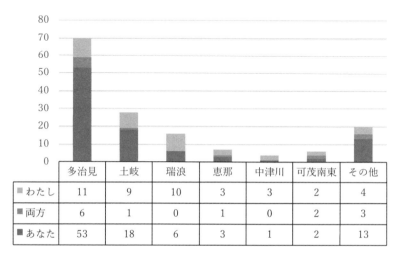

	多治見	土岐	瑞浪	恵那	中津川	可茂南東	その他
わたし	11	9	10	3	3	2	4
両方	6	1	0	1	0	2	3
あなた	53	18	6	3	1	2	13

図3：出身地と下降調の「ヨ」の解釈の関係（回答数）

　図3に示す結果を見ると、地域によって回答が得られた数に大きなばらつきがある。回答数の少ない地域について断定的な結論を得ることはできないが、最も西に位置する多治見市では、「あなた」とする回答が71.6%、土岐市では64.3%と過半数である。この結果から、少なくとも東濃西部の一部では下降調の「ヨ」が勧めの意味で用いられていることがわかる。
　さらに、自由記述欄の記述や私的通信において、「その他」の地域出身で東濃に居住経験がある回答者から、「転校してきた際、東濃弁は、どちらの意味か分かりづらいと思いました。」（大阪府出身者）、「埼玉では絶対にそんな意味にはならないけれど、多治見では、あなたがしろ、という意味になるのはわかる。」（埼玉県出身）といったコメントが寄せられた。

6.2.2 東濃地区居住年数の因子

　本調査では、東濃地区（可茂南東部を含む）の居住年数について、選択肢を設けて回答を求めた。出身地との整合性を確認して調整したところ、矛盾がない回答は149件であり、内訳は「ずっと東濃に住んでいる」（図4では「外住歴無し」）57名、「東濃以外に住んだのは10年未満」（同「外住10年未満」）32名、「東濃以外に10年以上住んだことがある」（同「外住10年以上」）58名、「東濃に住んだことがない」（同「外住のみ」）2名であったが、「東濃に住んだことがない」は2名とも加茂地区西部の美濃加茂市出身者であった。

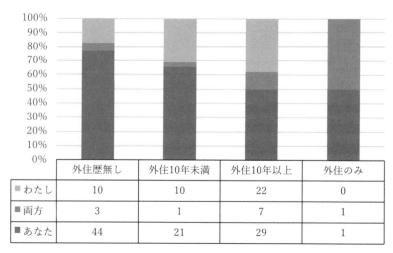

	外住歴無し	外住10年未満	外住10年以上	外住のみ
■ わたし	10	10	22	0
■ 両方	3	1	7	1
■ あなた	44	21	29	1

図4：外住歴と下降調の「ヨ」の解釈の関係（回答数）

　図4に示す「外住歴無し」～「外住10年以上」の結果から、外住歴が少ないほど「あなた」の回答が多い傾向があり、勧めの「ヨ」の解釈の割合が高いことが示唆される。ただし、美濃加茂市出身で東濃居住歴のない人にも勧めの解釈が見られることから、地域的な広がりについてはさらに調査の必要があると考えられる。

6.2.3　生年の因子

　一般に、高年層ほど地域方言の使用が顕著であり、若年層では共通語化が進んでいるとされている。しかし、方言のすべての要素について同時に共通語化が進行するとは限らないうえ、各地域の若年層において新たに地域特有の方言形が生じる、新方言（井上 1985）と呼ばれる現象もある。そこで、勧めの「ヨ」が特定の世代に見られる現象なのか否かを見きわめるため、図5で年代別に結果を整理する。

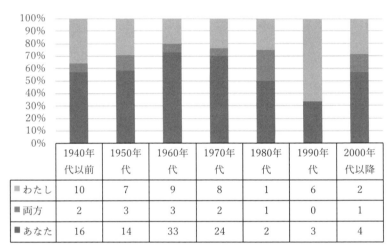

	1940年代以前	1950年代	1960年代	1970年代	1980年代	1990年代	2000年代以降
■わたし	10	7	9	8	1	6	2
■両方	2	3	3	2	1	0	1
■あなた	16	14	33	24	2	3	4

図5：生年と下降調の「ヨ」の解釈の関係（回答数）

　1980年代以降生まれの世代は回答数が少なく、明確な判断はできないが、少なくとも1970年代以前生まれの世代においては過半数が勧めの「ヨ」の解釈（「あなた」を選択）をしており、世代による明確な差は見られない。

6.2.4　性差

　種々の文末詞や、「開けろ」といった命令形や「開けて」といった依頼の表現などは、伝統的に話し手の性別による相違が大きいことが指摘されており、方言形においても文末詞の性差が想定される。そこで、下降調の

「ヨ」の意味に男女差があるかどうかを確認する。

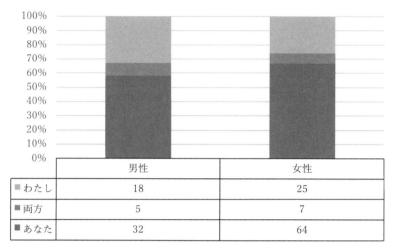

	男性	女性
■わたし	18	25
■両方	5	7
■あなた	32	64

図6：性別と下降調の「ヨ」の解釈の関係（回答数）

　回答者数は男性55名、女性96名と開きがあるが、図6に示す結果から、回答の割合においてはいずれも過半数が「あなた」と回答しており、男女いずれにも同程度に勧めとして理解されるものと考えられる。

6.2.5　方言知識との関係

　前述のとおり、項目Iの回答の前に「暑いなら」という意味の方言形「アツケヤ」の使用・理解について尋ねた。この「アツケヤ」は、形容詞の仮定形である。これについての回答は、「使うことがある」44人（29.1%）、「使わないが、意味はわかる」71人（47.0%）、「意味がわからず、使わない」36人（23.8%）であった。

　事前にこの質問をしたことには２つの目的がある。ひとつは、共通語使用と方言使用の間で揺れる話者の存在が想定されるなかで、被験者に方言コードでの回答を用意してもらうためである。二つ目は、本来の調査項目である「ヨ」の意味が他の方言知識と関連があるかどうかを予備的に調査することである。この二つ目の目的について、「アツケヤ」の使用・理解別

に項目Iの回答を整理すると、図7のようになる。

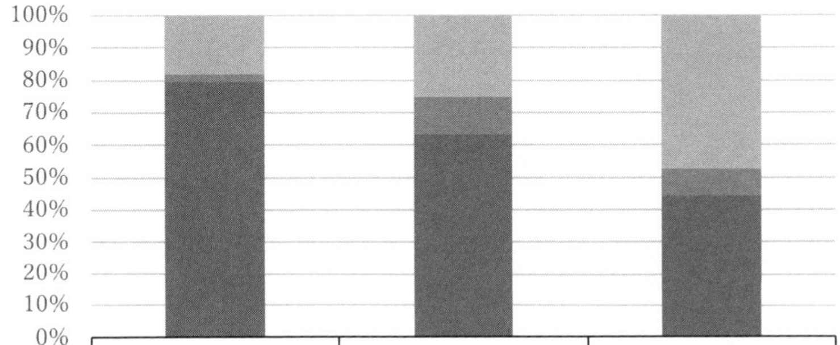

	使用	理解	非理解
■わたし	8	18	17
■両方	1	8	3
■あなた	35	45	16

図7：形容詞仮定形の方言形使用・理解と下降調の「ヨ」の解釈の関係
　　　（回答数。「使うことがある」＝使用、「使わないが、意味はわかる」＝理解、
　　　「意味がわからず、使わない」＝非理解）

　下降調の「ヨ」で「あなた」と回答したのが、形容詞仮定形の方言形「ア
ツケヤ」を「使うことがある」44人のうち35名（79.5％）、「使わないが、
意味はわかる」71名のうち45名（63.3％）、「意味がわからず、使わない」
36のうち16名（44.4％）であったことから、形容詞方言形の使用・理解と
下降調「ヨ」の意味に関連があることが窺える。
　形容詞仮定形の方言形は、各話者の方言の言語知識を推しはかるうえで
のひとつの指標にすぎないが、共通語と競合する「ヨ」の解釈が方言の言
語知識の程度と関連しうることを示唆すると言えよう。

6.3　項目IIの結果

　項目Iでは「あなた」が動作主体として解釈されることから下降調の
「ヨ」に勧めの意味の解釈があることを確認した。項目IIでは、項目Iの質
問で「あなた」または「両方」と回答した被験者のみを対象として、この
「勧め」がどのような意味かを尋ねる。一口に「勧め」と言っても、強制に

近い勧めから、提案に近いものまでさまざまなレベルがあることが予想されるためである。様々なレベルの「勧め」に使用しうるかどうかは、本来は、話し手と聞き手の関係や、勧められる行為の必要性など、複合的な要素が絡む複数の文脈を用いて確かめる必要があるが、本調査では分析の足掛かりとしてまずひとつの文脈を検討する。

　そのための方法として、「アンタ　アタマ　ボッサボサヤヨ」（＝あんた、頭がぼさぼさだよ）に続いて、同じ話し手による下降調の「トコヤ　イクヨ」（＝床屋、行くヨ）を聞かせることで、「イク」の動作主体が「あなた」でしかありえない文脈の刺激音声を用意した。項目Ⅰの質問で下降調に対して「あなた」または「両方」と回答した計108名に対し、表3の選択肢から「近い意味」を最大4つまでの複数回答可として選択を依頼し、選択肢よりもっと意味の近い言い方がある場合は、「その他」に記入することを求めた。

表3：項目Ⅱの結果

選択肢	回答数
(a) 床屋に行ったらどう？	75
(b) 床屋に行くといいんじゃない？	54
(c) 床屋に行かないの？	11
(d) 床屋に行くといいよ。	74
(e) 床屋に行くべきだよ。	40
(f) 床屋に行けよ。	33
(g) さあ、今からいっしょに床屋に行こう。	9
(h) その他（自由記述欄）	0

　各選択肢の意図は次のとおりである。(a)～(c)は、判断を「あなた」の意向に委ねることを示す疑問形により、提案型勧めに当たるものとして挙げているが、文字どおりの疑問と受け取られたり、語調により非難のニュアンスを含んだりする可能性があるため、人により好む表現にばらつきがあることを考慮して3つの選択肢を設けた。(d)は、(a)～(c)と比較すると話し手の判断を積極的に伝えており、当為的勧めと言えるものである。この質

問の前に回答する項目Ⅰで示した選択肢にある「…といいよ」が含まれることから、選択に誘導される可能性がある。(e)の本義としては働きかけというより話し手の当為的判断を強く示すものであり、「あなた」の意向を考慮しない表現である。命令形の(f)は、本義としては決定権が話し手にある「命令」である。(g)は聞き手に行動を促す表現として、共通語の分析（轟2008）に挙げられている「ヨ」の上昇調の意味に相当するものであるが、この用法では聞き手だけでなく話し手も一緒に行動するのが普通であり、下降調の「ヨ」の勧め（動作主体＝聞き手のみ）と近いとは判断されにくいことが予測される。いずれも、語調や話し手により、文型どおりのモダリティの表現に用いられるとは限らない（例えば、命令形で積極的な勧めを表すこともある）が、他の働きかけ表現との比較に資することを期待して、回答結果を表3に示す。なお、「その他」の回答は得られなかった。

　表3から、提案型勧めに当たる(a)～(c)の合計も、当為型勧めの(d)も、「近い意味」として多く選択されたと言える。働きかけの表現でない(e)や命令を示しうる(f)は勧めに当たる(a)、(d)と比較すると少ない。異なる意味と予測した(g)は予想どおり最も少ない結果となった。この結果から、下降調の「ヨ」の動作主体が聞き手と解釈される場合、提案型あるいは当為型の勧めとしての用法が中心義であると考えられる。

7．まとめ

　本稿では、従来の研究でほとんど取り上げられてこなかった東濃方言における下降調の文末詞「ヨ」の「勧め」の用法の存在を紹介し、アンケート結果をもとにその実態の一部を明らかにした。幅広い世代に、男女差なく、少なくとも東濃西部出身者において多く、下降調の「ヨ」が勧めの意味として理解されることがわかった。また、当該地区居住歴および形容詞仮定形の方言形使用・理解の度合いと「勧め」用法の理解には関連があるといえる。ただし、どのような属性の人が「勧め」の意で用いるかという点については、この調査項目の範囲外であり、今後の課題としたい。

謝辞

アンケート調査にご協力いただいた東濃地方の皆様に感謝申し上げます。

付記

本研究は JSPS 科研費 JP19K00600 の助成を受けたものである。

参考文献

安藤智子 (2023)「東濃方言における終助詞「ヨ」の機能と音調に関する予備的考察」『富山大学人文科学研究』77: 69-97.

井上史雄 (1981)「新方言と地方共通語」『ことばの社会性』文化評論出版. pp. 45-57.

井上史雄 (1985)『新しい日本語─《新方言》の分布と変化』明治書院.

井上史雄 (1988)「方言」の項『日本大百科全書』小学館. 21: 302-305.

沖裕子 (1999)「気がつきにくい方言」『日本語学臨時増刊号　地域方言と社会方言』明治書院. pp. 156-165.

河西秀早子 (1981)「標準語形の全国的分布」『言語生活』354: 52-55.

郡史郎 (2021)『日本語のイントネーション　しくみと音読・朗読への応用』大修館書店.

国立国語研究所 (1951)『言語生活の実態─白河市及び附近の農村における─』（国立国語研究所報告2）秀英出版.

田中ゆかり・林直樹・前田忠彦・相沢正夫 (2016)「1万人調査からみた最新の方言・共通語意識：「2015年全国方言意識 Web 調査」の報告」『国立国語研究所論集』11: 117-145.

轟木靖子 (2008)「東京語の終助詞の音調と機能の対応について─内省による考察─」『音声言語』VI: 5-28.

仁田義雄 (2002)「日本語の文法カテゴリー」飛田良文・佐藤武義編『現代日本語講座5』明治書院. pp. 120-145.

蓮沼昭子 (1997)「終助詞「よ」の談話機能─その2─」上田功他編『言語探求の領域　小泉保博士古稀記念論文集』大学書林. pp. 383-395.

姫野伴子 (1997)「行為指示型発話行為の機能と形式」『埼玉大学紀要』33 (1): 169-178.

藤原与一 (1972)「方言文末詞（文末助詞）の研究」『広島大学文学部紀要』31 特輯号 2: 1-95.

言語学を学ぶための基礎参考文献

井上史雄・木部暢子（編著）『はじめて学ぶ方言学─ことばの多様性をとらえる28章』ミネルヴァ書房.

斎藤純男 (2010)『言語学入門』三省堂.

音注は意味を示す

森賀一惠

1．儒教の経典とその注釈書

1.1．　五経から十三経へ

　洋の東西を問わず古典には注釈がつきもので，中国の古典にも長い注釈の歴史がある。中国の古典と言えばまず儒教の経典，儒教の経典といえば四書五経という言葉が思い浮かぶが，では，四書五経とは何か。

　四書とは『論語』『大学』『中庸』『孟子』（『大学』『中庸』は『礼記』の一篇）で，朱子学で重要視された四部の書物の総称である。特に四書の筆頭『論語』は「『論語』読みの『論語』知らず」という慣用句があるほど日本では古くから親しまれてきた古典だが，漢の五経博士の五経は『易』『書』『詩』『礼』『春秋』，唐の『五経正義』（経・古注の再注釈）の五経は『周易』『尚書』『毛詩』『礼記』『春秋（左氏伝）』で，『論語』や『孟子』は経には含まれていなかった。また，唐の科挙の明経科の試験科目の九経『易経』『書経』『詩経』『周礼』『儀礼』『礼記』『春秋左氏伝』『春秋公羊伝』『春秋穀梁伝』は『易』『書』『詩』『礼』『春秋』五経の『礼』を三礼に，『春秋』を三伝に分けたもので，ここにも『論語』の名はない。明経科の試験科目の九経に『論語』『孝経』『爾雅』（中国現存最古の辞書）『孟子』が順次加わり，十三経という呼称が成立したのは新儒教が主流になった宋代のことである。

1.2．　注釈と音義

　漢から魏晋の頃にかけて盛んに作られた経書の注釈は古注と呼ばれるが，それは宋明理学系統の注釈を新注と称することに対する呼称である。南北朝の頃からは疏といわれる経と古注の再注釈が作られるようになった。その集大成として，唐初に勅撰の孔穎達『五経正義』が編集され，次いでそれに漏れた『周礼』『儀礼』の疏を賈公彦が編集し，宋代には十三経の疏が出揃い，漢唐訓詁学系の注釈の集大成『十三経注疏』が成立した。

　一方，経典解釈学的な漢唐訓詁学への批判から生まれた新儒教とも呼ば

れる宋明理学系統の注釈も南宋の朱熹らにより作成された。いわゆる新注である。

十三経注疏と新注の陣容は以下の通りである。

経	古注	疏（正義）	新注
周易	王弼注	孔穎達疏	朱熹『周易本義』
尚書	偽孔安国伝	孔穎達疏	蔡沈『書集伝』
毛詩	毛亨伝・鄭玄箋	孔穎達疏	朱熹『詩集伝』
周礼	鄭玄注	賈公彦疏	
儀礼	鄭玄注	賈公彦疏	朱熹『儀礼経伝通解』
礼記	鄭玄注	孔穎達疏	朱熹『大学章句』
『中庸章句』			
春秋左氏伝	杜預	孔穎達疏	
春秋公羊伝	何休注	徐彦疏	
春秋穀梁伝	范寧注	楊子勛疏	
論語	何晏集解	邢昺疏	朱熹『論語集注』
孟子	趙岐注	孫奭疏	朱熹『孟子集注』
孝経	玄宗御注	邢昺疏	
爾雅	郭璞注	邢昺疏	

明末にはまた，主観唯心的な宋明理学に対する反動で，客観的な実証を重んじる風潮が生まれ，清朝では，「実事求是」を志向する考証学が主流になった。十三経に対して、清人がその考証学の成果を取り入れて著した疏もある。中華書局が十三經清人注疏として刊行を予定している（既刊のものもあり）のは以下の二十四部である。

李道平『周易集解纂疏』　　　　王先謙『詩三家義集疏』
孫星衍『尚書今古文注疏』　　　孫詒讓『周禮正義』
皮錫瑞『今文尚書考證』　　　　胡培翬『儀禮正義』
王先謙『尚書孔傳參證』　　　　朱彬『禮記訓纂』
陳奐『詩毛氏傳疏』　　　　　　孫希旦『禮記集解』
馬瑞辰『毛詩傳箋通釋』　　　　黄以周『禮書通故』

孔廣森『大戴禮記補注』	鍾文烝『春秋穀梁傳補注』
王聘珍『大戴禮記解詁』	劉寶楠『論語正義』
劉文淇『左傳舊注疏證』	皮錫瑞『孝經鄭注疏
洪亮吉『春秋左傳詁』	焦循『孟子正義』
陳立『公羊義疏』	郝懿行『爾雅義疏』
廖平『穀梁古義疏』	邵晉涵『爾雅正義』

　注釈ではなく音義書[1]ではあるが，唐の陸徳明の『経典釈文』についても紹介しておく。『経典釈文』は，九経と『孝経』『論語』『爾雅』と『老子』『荘子』の経と古注に見える字を掲出し，字音・字義・テキストの異同について，漢から南北朝の音義類を引用し考証したもので，南北朝までの音義の集大成とも言える書であり，新注と比べると音注の少ない古注の解釈による音を知りたいときに使える資料である。阮元本『十三経注疏』にも部分的に合刻されていることからもわかるように，経書を古注で読むときによく参照される。

2．注音法と四声

　前章で見たとおり，中国の儒教経典には様々な注釈があり，解釈内容は古注と新注で異なることもあるが，語義を解釈し文義を解釈するという注釈方法にはさほど大きな違いはなく，音注があるという点も同じである。では，なぜ音注が必要なのか。漢字は音素文字ではないので，漢字を識っているからといって全ての字を読めるわけではなく，使用頻度の低い字などは音がわからないことも当然ありうる。ただ，中国古典の音注は難読字のためにのみ存在したわけではなく，後述するように，常用字（使用頻度の高い文字）の意味を示す機能を持つこともあるので，注音は大事な注釈作業の一つだったのである。それではまず漢字の注音の方法にどのようなものがあるのか見ておこう。

1　古典に見える語句の難読字や多音多義字について，その音義を注釈する書。

2.1.　注音法

①　直音

　　被注字と同音の常用字（漢字を識る人なら誰でも必ず読めるような頻繁に使われる字）を示して，被注字の音を示す方法で，A字の音を同音のB字で示そうとする場合，「A, 音 B」「A 読 B」などという形式で書き表される。

②　反切

　　直音は簡便でわかりやすい方法だが，場合によっては被注字と同音の常用字が見つからないこともある。そこで，後漢末に反切という方法が現れた。反切とは，被注字と声母（音節の頭子音）の同じ文字と韻母（音節のうち頭子音を除いた部分と声調）の同じ文字を組み合わせ，二文字で被注字の音を示す方法である。A字の音をAと同声母のB字とAと同韻母のC字で示そうとする場合，「A, BC 反」「A, BC 切」などの形式で書き表され，Aを反切帰字，Bを反切上字，Cを反切下字と呼ぶ。例えば，「好，呼報反」という反切だと，推定される中古音は反切上字「呼」の音が [xu]，反切下字「報」の音が [pɑu] の去声なので，反切帰字「好」の音は [xɑu] の去声ということになる。

②　同紐・異声母字を使う

　　反切を用いれば，標音不可能な字はほとんどないと思われるが，直音に比べると面倒である。そこで，被注字と声調は異なるが同じ紐（声調を除けばすべて同じ音）の字を用いて示す方法も現れた。A字の音を同紐・異声調のB字で示そうとする場合，「A, B 平声」「A, B 上声」「A, B 去声」などの形式で書き表される。なお，『広韻』上声四十二拯韻の発音表示が反切でなく，同紐・異声調の字を用いた「蒸上声」というものであるのは，簡便さを求めたものでなく，拯韻所属の文字が異体字を除けば五文字のみで，しかも，いずれも難読字ばかりであるため，適切な反切下字がないからである。[2]

2　中古推定音は「蒸」は [tɕĭəŋ] の平声，「拯」は [tɕĭəŋ] の上声。

③ 声調のみを示す

常用の多音字の中には同紐・異声調の複数の音を持つものもあり，声調を示せば事が足りるということもある。その場合，A字の声調は「A，平声」「A，上声」「A，去声」「A，入声」などと書き表す。また，圏発を用いることもできる。圏発とは，漢字の四隅につける四声を示すための半円形のしるしで，左下につければ平声、左上に上声、右上につければ去声、右下につければ入声であることを表す。

2.2. 中古音の四声

四声とは四つの声調であり，声調とは音節について決まっている音の高低のパターンである。現代中国語（普通話）にも第一声から第四声まで四声と呼ばれるものがあるが，平声・上声・去声・入声の四つは中古音の四声でそれとは別物である。しかし，全く無関係というわけではなく，下のような対応関係がある。

中古音の平声（清音）→現代中国語の第一声
中古音の平声（濁音）→現代中国語の第二声
中古音の上声（清音・次濁音）→現代中国語の第三声
中古音の上声（全濁音）→現代中国語の第四声
中古音の去声　→現代中国語の第四声
中古音の入声（清音）→現代中国語の第一声、第二声、第三声、第四声
中古音の入声（次濁音）→現代中国語の第四声
中古音の入声（全濁音）→現代中国語の第二声

このような対応関係を利用して，現代中国語から中古音の声調をある程度推測することも可能ではあるが，第一章で紹介したような注釈類に見える声調表示は平声・上声・去声・入声の中古音の四声であって，現代中国語の四声とは異なる。

3. 漢字の音と意味

　漢字の音と意味について，考えてみよう。

　日本語でも，漢字の音読みが異なると意味が異なるということがときどきある。例えば，「易」は「難易度」「容易」「簡易」のようにイと読むと，やさしい（難易度が低い）という意味を表すし，「貿易」「改易」「不易」のようにエキと読むと，かえる・かわるという意味を表す。「悪」は「悪人」「悪運」「罪悪」のようにアクと読むと，わるいという意味を表すし，「憎悪」「嫌悪」「好悪」のようにオと読むとにくむという意味を表す。また，「楽」は「音楽」「楽器」「楽律」のようにガクと読むと，音楽を表すし，「娯楽」「極楽」「行楽」のようにラクと読むと，たのしいという意味を表す。音を変えることで漢字一字を複数の意味で用いることができるのだから，漢字の使い方としては効率が良いといえるかもしれないが，問題は，日本語では，音が異なっても必ず意味が異なるとは限らないことである。例えば「重」はジュウ（呉音）と読む場合，「重圧」「重症」「重責」などはおもいという意味だが，「重囲」「重襲」「二重」はかさねる，かさなるという意味で，チョウ（漢音）と読む場合，「重譴」「重用」「貴重」などはおもいという意味だが，「重複」「重祚」「重陽」などはかさねる，かさなるという意味で，この場合，音の違いは単に呉音と漢音の違いであって，多義を区別する役割を担ってはいない。

　その点，中国語は音が違えばほとんど必ずといっていいほど意味も違う。上に挙げた「重」も，現代中国語（普通話）では「重」はおもいという意味では zhòng，かさねるという意味では chóng と読むし，中古音では同紐で平声、上声、去声と声調の異なる三音があり，それぞれ『広韻』では「複也，疊也」「多也，厚也，善也，愼也」「更爲也」と釈されていて，平声が重複の重，かさなる、かさねるの意で，上声が愼重、重用の重，おもいの意で，去声が「更に爲す」，つまり「また」の意味なのだということがわかる。「重」と同じように，日本漢字音だと同音になってしまうような同紐・異声調の多音字も少なくない。例えば，現代中国語では「数」は名詞のかずだと shù（去声），動詞のかぞえるだと shǔ（上声），「処」は名詞でところの意だと chù（去声），動詞でおるという意味だと chǔ（上声）だが，日

本漢字音だと「数」はどちらもスウ，「処」はどちらもショである。ただ，多音字はすべて同紐・異声調というわけではもちろんない。「楽」のように中古音で同じく入声でも [lɑk][ŋɔk] と声母も韻母も異なり，現代中国語（普通話）では lè と yuè，日本漢字音でもラクとガクに分かれているものもある。しかし，その違いが日本漢字音に反映されていようがいまいが，中国語では，漢字音が違えば，その漢字の表す意味も違ってくる。そのため，多音字の場合，音を示せば意味を示すことにもなるのである。次章では，音注が音を示す例を見てみよう。

4．意味を示す音注

『論語』学而篇第二章（阮元『十三経注疏』本）

有子曰，其為人也，孝弟而好犯上者鮮矣，不好犯上而好作乱者，未之有也，君子務本，本立而道生，孝弟也者，其為仁之本與（有子曰く，其の人と為りや，孝弟にして上を犯すことを好む者は鮮し。上を犯すを好まずして乱を作すを好む者は，未だ之れ有らざるなり。君子は本を務む。本立ちて道生ず。孝弟はそれ仁を為すの本か。）

[日本語訳] 有子がおっしゃった，「その人柄が親孝行で年長者に従順でありながら目上の者に逆らうものは少なく，目上のものに逆らうことを好まないのに秩序を乱すようなことを起こすものはいたためしがない。君子は根本のことに努める。根本が定まれば，道筋ができる。親孝行で年長者に従順であることは仁の根本だろうか。」

何晏『論語集解』（阮元『十三経注疏』本）

鮮，少也。上謂凡在己上者。言孝弟之人必恭順，好欲犯其上者少也。（「鮮」は少也。「上」は凡そ己の上に在る者を謂う。孝弟の人必ず恭順にして，其の上を犯すを好み欲する者は少なきを言う也。）

本，基也。基立而後可大成。（「本」は基也。基立ちて後大成す可し。）

先能事父兄，然後仁道可大成。（先ず能く父兄に事え，然る後，仁道大成す可し。）

陸徳明『経典釈文』論語音義（通志堂本）

孝弟，大計反，本或作悌，下同。

而好，呼報反，下及注同。

鮮，仙善反，少也。

本與，音餘。

朱熹『論語集注』（怡府蔵板本）

弟，好，皆去声。鮮，上声，下同。〇有子，孔子弟子，名若。善事
父母為孝，善事兄長為弟。犯上，謂干犯在上之人。鮮，少也。作乱，
則為悖逆争鬭之事矣。此言人能孝弟，則其心和順，少好犯上，必不好
作乱也。（「有子」は孔子の弟子，名は若。善く父母に事うるを「孝」
と為し，善く兄長に事うるを「弟」と為す。「上を犯す」は，謂干犯在上之
人。「鮮」は少也。「乱を作す」は則ち悖逆争鬭の事を為す。此れ人能
く孝弟ならば則ち其の心和順にして，上を犯すを好むこと少なく，必
ず乱を作すを好まざるを言う也。）

與，平声。〇務，専力也。本猶根也。仁者，愛之理，心之德也。為
仁，行仁，猶曰行仁。與者疑詞，謙退不敢質言也。言君子凡事専用力
於根本，根本既立，則其道自生，若上文所謂孝弟乃是為仁之本，學者
務此，則仁道自此而生也。（「務」は力を専らにする也。「本」は猶お根
のごとき也。「仁」なる者は愛之理，心之德也。仁を為すは仁を行う，
猶お仁を行うと曰うがごとし。「與」なる者は疑詞，謙退して敢えて質
言せざる也。言うこころは，君子凡そ事は専ら力を根本に用う，根本
既に立てば，則ち其の道自ら生ず，上文に所謂る「孝弟」の若きは乃
ち是れ仁を為すの本，學者此れに務むれば，則ち仁道此れ自りして生
ずる也。）

上に挙げたのは『論語』学而篇第二章の経文とそれに附された古注・『経
典釈文』・新注である。『経典釈文』は，古注の解釈による音を知る資料と
して参照する。

『経典釈文』と『論語集注』は同じ四文字について音注を附している。一

文字ずつ，二書の音注を確認してみよう。

① 弟

　『経典釈文』は「大計反、本或作悌」，『論語集注』は「去声」である。
『広韻』は「弟」「悌」ともに徒禮切［diei］（上声），特計切［diei］（去声）の
二音を載せるが，特計切は『経典釈文』の大計反と同音であり，徒禮切は
大計反と同紐である。つまり，二音は上声と去声と声調が異なるのみであ
る。『広韻』の釈義は「弟」（上声）では「兄弟」，「弟」（去声）では順番を
表す「第」の本字であることが述べられているが，音と意味の対応ははっ
きりしない。それに対して，「悌」（上声）は「愷悌」（やわらぎたのしむの
意），「悌」（去声）は「孝悌」であり，音と意味の対応が明確である。『辞
源修訂版』は「弟」（上声）を兄弟，「弟」（去声）を孝悌の悌の意としてい
る。「弟」は常用義のおとうとの意の場合は上声，弟が兄に従順であるとい
う意の「悌」に通じて用いられる場合は去声ということになる。つまり，
『経典釈文』の「大計反」，『論語集注』「去声」ともに経文の「孝弟」が「孝
悌」と同じ意味であることを示すものなのである。また『経典釈文』の「本
或作悌（本或いは悌に作る）」という表現はテキストによっては字が「弟」
ではなく「悌」になっているものもあるという意味だが，テキストの異同
のみならず，意味が「悌」に通じることをも示している。

　『礼記』経文に見える「弟」に附された『経典釈文』には，文王世子篇
「教之以孝弟（之れを教うるに孝弟を以てす）」の「孝弟，大計反，又作悌」
のように，上の『論語』の例と同様に解釈できる例もあるが，礼運篇「何
謂人義，父慈，子孝，兄良，弟弟，……（何をか人の義と謂う，父は慈，
子は孝，兄は良，弟は弟なり，……）」の「弟弟，上如字，下音悌（弟弟，
上，字の如し，下，音悌）」というまた別の注音形式も見える。

　「如字」とは被注字をその字の常用音・常用義で読むことを指示するもの
で，ここでは上の「弟」字を常用音（徒禮切）・常用義「おとうと」の「弟」
として読むことを示している。『経典釈文』は通常，常用音・常用義で読ま
れるべき字に音注は附さないのだが，この例のように用法の異なる同じ字
が並んで出現するなど，判断が難しい場合は「如字」と注して，その字が
常用音・常用義で用いられていることを示すのである。また，下の「弟」

に附された「音悌」は直音注であるが、『経典釈文』の直音注は被注字をその字として読むという場合にしばしば用いられるもので、この場合だと、下の「弟」は「悌」という音で読むというだけでなく、意味も孝悌の悌だということを示しているのである。

現代中国語（普通話）では「弟」はdì一音のみになっているが（中古音の頭子音が濁音の上声の字は、現代中国語では頭子音は無気音の第四声の音になる）、1998年修訂本『新華字典』には、「弟」について、古代の用法として「又同"悌"（tì）」を挙げている。

② 好

『経典釈文』は「呼報反」、『論語集注』は「去声」である。『広韻』の「好」は上声の呼皓切では「善也、美也」、去声の呼到切では「愛好」と釈されている。上声はよいという意味、去声はこのむという意味である。呼到切（〔xɑu〕去声）は『経典釈文』の呼報反と同音である。『論語集注』はこれについても声調のみを示すが、「去声」は、『経典釈文』と同様に、経文の「好犯上者」の「好」を「好む」と読むことを示す。去声の「好」に反切が附いていることからもわかるように、「好」は、上声のよいの意の方が常用音・常用義である。

「好」について、注釈の解釈の違いが音注に反映されている例を見よう。『毛詩』周南・關雎「窈窕淑女、君子好逑」の毛亨の伝に「是幽閒貞專之善女、宜為君子之好匹（是れ幽閒貞專の善女、宜しく君子の好き匹為るべし）」とあるが、鄭玄の箋は毛伝とは異なる解釈をし、「貞專善女、能為君子和好衆妾之怨者（貞專の善女、能く君子の為に衆妾の怨者と和好す）」と「好」をこのむの意にとる。この箇所に附された『経典釈文』は「好、毛如字、鄭呼報反」である。つまり、「好逑」の「好」を毛亨の伝は常用音・常用義で解釈して「好き逑」と読み、鄭玄の箋は去声のこのむの意で解釈して「好逑する」（好みまとめる）と読んだということである。

現代中国語（普通話）でも、「好」は「你好」「好人」のようによいという意味ならhǎo（上声）、「愛好」「好悪」のようにこのむという意味ならhào（去声）である。

③　鮮

　『経典釈文』は「仙善反，少也」，『論語集注』は「上声」とし「鮮，少也」とも注する。『広韻』の「鮮」は相然切（[sĭɛn]平声）では「鮮潔也，善也」，息淺切（[sĭɛn]上声）では「少也」とする。『経典釈文』の仙善反は息淺切と同音の上声である。『経典釈文』『論語集注』の音注はともに「孝弟而好犯上者鮮矣」の「鮮」は少ないという意味であることを示す。

　『毛詩』小雅・北山「嘉我未老、鮮我方将」鄭箋に「嘉・鮮，皆善也」とみえるが，『経典釈文』は「鮮我，息淺反，沈[3]云，鄭音仙」とする。経文を普通に読めば「我が未だ老いざるを嘉みし，我が方に将んなるを鮮しとす」となり，だとすれば「息淺反」になるが，鄭箋のように「善也」と解釈し「我が未だ老いざるを嘉みし、我が方に将んなるを鮮みす」と読めば「音仙（[sĭɛn]平声）」になるというわけである。

　現代中国語でも「新鮮」「鮮明」など，あたらしい，あざやかなどの意ではxiān（平声），「鮮少」（すくない）「鮮有」（珍しい）など，少ないの意ではxiǎn（上声）である。

④　與(与)

　『経典釈文』『論語集注』いずれも「音餘」で，『論語集注』は「與者疑詞，謙退不敢質言也（「與」は疑問を表す語で，遠慮してはっきりといえないのである）」と釈してもいる。『広韻』では，以諸切（[jĭo]の平声）は「歟」の異体字，余呂切（[jĭo]の上声）「善也，待也」，羊洳切（[jĭo]の去声）は「參與也」とされるが，この区別も現代中国語（普通話）にそのまま受け継がれている。与（yú 平声）は「歟」と同じ，与（yǔ 上声）は介詞（前置詞）「…とともに」，接続詞「…と」「および」のほか，「与える」の意に用いられ，与（yù 去声）は「参与する」「あずかる」などの意に用いられる。『経典釈文』は「與」の音については，上声を「如字」，去声を「音預」「音豫」，平声は「音餘」をとるものが多い。「音餘」は「與」を「歟」と読む指示である。「歟」は句末に用いて疑問・反語・推量・感嘆な

3　後梁の沈重，『経典釈文』序録に「近呉興沈重亦撰詩音義」とあり，『隋書』經籍志も沈重撰の『毛詩魏疏』二十八卷を著錄する。

どの意を表す助字である。「其為仁之本與」は「其れ仁を為すの本か」と読むということである。

　『論語』学而篇第二章に附された『経典釈文』と『論語集注』の音注を確認したが、二書が音注を附していた文字はいずれも常用の多音字であった。この箇所の音注についていえば、難読字に附された音は一字もなかったのである。

　実際、『経典釈文』の音注の大半は難読字ではなく、常用の多音字に附されて字の意味を示す役割を担うものである。そのため、『経典釈文』はしばしば多音字のバイブルのような扱いを受けるが、経注における出現の順に字が配列されているので、字ごとの音義の関係がわかりにくい。そこで、『経典釈文』に見える多音字の注釈パターンを字ごとに整理しようとするものも現れる。その代表的なものが宋の賈昌朝の『羣経音弁』である。『羣経音弁』は多音字の音と意味の関係を簡単に調べられるものだったため、亡佚することもなく伝わり、中国古代の家塾の教育カリキュラムとして知られる元の程端礼の『程氏家塾読書分年日程』は『羣経音弁』巻六を転載しており、同時代の劉鑑の『經史動靜字音』なども『羣経音弁』巻六の引き写しである。ただ、『經史動靜字音』は標音法をほとんど声調表記に変えている。ほとんど声調表記に変えても問題がないほど、多音字には声調で意味が区別できるものが多いともいえる。四声別義（一字に声調のみが異なる複数の音があり、その声調の違いで表す意味が変わること）ということばもあるくらいである。上述の『論語集注』の注音のうち「與」を除く三字はすべて声調のみが示されていた。声調だけで十分だからである。

　多音字に四声別義と呼ばれる現象が多いことを利用して、簡単に意味を示そうとしたのが、圏発である。怡府藏板本『四書集註』論語集注（図１）の学而篇第二章の経文では、「孝弟」の「弟」の右上、三見する「好」の右上、「鮮」の左上、「與」の左下に半円形のしるしが認められる。圏発は二章で述べたように、左下に附くとその字が平声、左上に附くとその字が上声、右上につくとその字が去声であることを示すので、それだけで「弟」は「悌」の義、「好」は「好む」の義、「鮮」は「少ない」の義、「與」は「歟」の義であることを示すことができるのである。

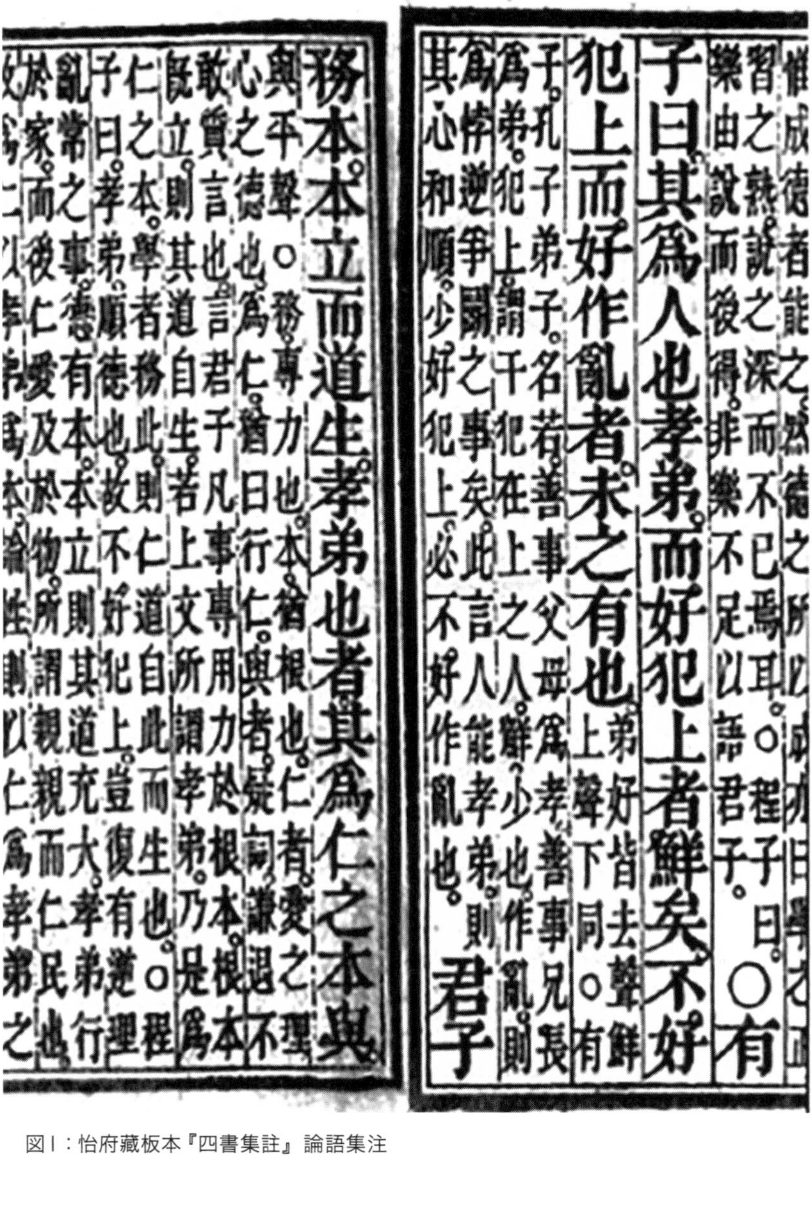

惟成德者能之。然德之所以成、亦曰學之正、習之熟、說之深、而不已焉耳。程子曰、樂由說而後得、非樂不足以語君子。○

子曰、其為人也孝弟、而好犯上者鮮矣、不好犯上而好作亂者、未之有也。弟好皆去聲。鮮上聲、下同。○弟子、孔子弟子。名若。善事父母為孝、善事兄長為弟。犯上、謂干犯在上之人。鮮、少也。作亂、則為悖逆爭鬥之事矣。此言人能孝弟、則其心和順、少好犯上、必不好作亂也。

君子務本、本立而道生、孝弟也者、其為仁之本與。與平聲。○務、專力也。本、猶根也。仁者、愛之理、心之德也。為仁、猶曰行仁。與者、疑辭、謙退不敢質言也。言君子凡事專用力於根本、根本既立、則其道自生。若上文所謂孝弟、乃是為仁之本。學者務此、則仁道自此而生也。○程子曰、孝弟、順德也、故不好犯上、豈復有逆理亂常之事。德有本、本立則其道充大。孝弟行於家、而後仁愛及於物、所謂親親而仁民之也。故為仁以孝弟為本。論性、則以仁為孝弟之本。

図１：怡府藏板本『四書集註』論語集注

なお，注の「善事兄長」の「長」の左上の圏発も，この「長」が上声であることを示すものである。「長」は中古音の平声（直良切）と上声（知丈切）の音義の対応が現代中国語（普通話）のchángとzhǎngの違いでも保存されているが，「長」の上声は，長短の長ではなく，年長の長であることを示すものである。

　以上，中国の古典の注釈に見える音注について，その釈義機能について述べた。音注が音を示す機能を果たすのは当たり前だが，中国語には多音多義字の音と意味の対応関係が明確であるという特徴があるため，音注が音を示すと同時に意味を示す機能を持ちうるのである。

この分野を学ぶための基礎文献

頼惟勤(1996)『中国古典を読むために─中国語学史講義』（大修館書店）
平山久雄(2022)『中古音講義』（汲古書院）

第4章
社会学・人文地理学で考える

自己を語れるまでの道のり：難病患者の就労を例に

伊藤智樹

1．はじめに

　「社会学って何なの？　わかりにくい」、「社会学ってつかみどころがない」——これらはよく聞かれる疑問ですが、なかなか一言で説明しにくい、答えにくいところがあります。というのも、実のところ社会学研究者たち自身にとっても、そうした疑問にどう答えようか思索しているように思われるからです。そのような中で、私としてはひとまず、社会学は、私たち人間が経験する世界を、個を超えたもの、すなわち集合的な成り立ちや変化に関わらせることによって理解することを中心的な課題とする学問が社会学である、と答えることにしています。

　社会学は、もともとは主に19世紀以降の変化する社会（「近代社会」と呼ばれます）の中で、変化や社会のしくみを解読しようとする学問として出発しました。したがって、それは私たちが経験する世界を近代社会の変化にもとづいて理解しようとすることになりますが、やがて「近代」に直接的にはこだわらない社会学理論が現れます。したがって、いずれにせよ集合的な変化や成り立ちに関わらせた理解を試みる学問だということになります。

　他方で、社会学は集合的な営みを「どう成り立たせるか」という関心ももっています。それは単に実現可能性という意味ではなく、どのような営みがより望ましいのかという観点です。このようにいうと、どのような社会がよいのかという「価値（観)」を探求する学問だとイメージされるかもしれませんが、私がみるところ、どちらかというと、多様で時には衝突する「価値（観)」について、どのような仕方で実現したり、いわゆる落としどころを見つけたりするのかという営み方に関心を寄せる学問ではないかと思います。

　現在あるさまざまな社会学研究はこれらの関心、つまり人間が経験する世界の理解と、望ましい社会への接近という関心を何らかの形でもってい

るのではないかと思います。もちろん、このようなとらえ方についても様々な考え方があって、そのいずれかを強く意識したり、あるいはそのいずれかに専心すべきだと明確に考えたりする研究者もいるように思われますが、私としては、両者はいずれつながってくる問題であり、社会学という営みの中に含めた方がよいのでないかと思います。

　そのような社会学の営みの一例として、本稿では、個人が経験する「自己」に焦点をあてます。「自己」はこの後で述べますが、自分自身を対象としてみる営み、もしくはその結果得られる自分自身の姿やイメージを指します。一見すると、とても個人的なことなので、一体それのどこが集合的なのかと思うかもしれません。しかし、必ずしもそうではありません。次節では、まず社会学における基盤となる「自己」に関する理論を紹介します。

2．社会学における「自己」：G.H. ミードの自己論を導きに

　この節では、伊藤（2014）にもとづいて、特にG.H. ミード（Mead, G.H. 1863-1931）の自己論を取り上げます。社会学の自己論は、必ずしもこれに留まるものではありませんが、特にミードの自己論を取り上げるのは、この論考で扱うような個人の営みをとらえるには、いまなお基盤的で重要な理論だと考えるからです。

　ミードが持っていたベーシックな関心は、人間が他の種と異なって持っている資性はどこに求められるか、というものでした。この問いに答える鍵は、人間が反応を抑制して遅延できる点にある、とミードは考えました。人間の場合、何か外的な刺激を受けた場合、即座に外的反応を起こすのではなく、外的反応をいったん抑制して、その刺激に対する反応を内的にあれこれと試すことができます。これは、たとえば「あの人が私にこうした。私はこう反応すればよいのだろうか。もしそのように反応したら相手は私のことをこのように見るだろう…」[1]という思考をめぐらすことを指します。

1　この中には、他者から自分がどのように見えているのかという要素が含まれています。ミードは、これを「他者の視点の取得」ととらえます。自己が社会的過程と関わっているのは、まさにこの他者の視点を取得することによります。

ミードはこうした内的コミュニケーションは、本来は外的なコミュニケーション、つまり目に見えて現れる会話が個人内の思考に取り込まれたと考えました。なぜなら、種の進化においても、個体発達においても、原始的なコミュニケーションはしばしば外的に行われており、多くの動物や乳児は、あまり複雑な内的コミュニケーションを行わないように見えるからです。

この見方が拠って立つ進化論的および発達論的な考え方に関しては、現在では異論の余地もあるかもしれませんが、それでもこのミードのアイディアは非常に鋭い点をとらえており、後の「シンボリック相互作用論」にも「自己内コミュニケーション」という概念で引き継がれていきました。たとえば私たちが何か考えをまとめようとしてぶつぶつと独り言をいう時には、いわゆるもう一人の自分と内的なコミュニケーションを行っているという見方もできるし、考えがまとまらないまま誰かに話を聞いてもらうときには、外的コミュニケーションとして思考を展開しようとしているともいえるからです。

3. 事例としての難病と就労

ミードの「自己」を受け継ぐにあたって、より具体的な事例として、難病患者の就労に関わる事例を取り上げてみます。特殊な例ではないかと思われるかもしれませんが、必ずしもそうではありません。そこでみられる自己のありようは、他の領域や事例についても示唆をもつと思われます。

この難病患者を「Rさん」と呼ぶことににします[2]。Rさんは2021年5月時点で年齢は50代の女性。2015年に肺動脈性肺高血圧と診断され、2018年に全身性強皮症と診断されました。

全身性強皮症は、皮膚や内臓の線維化（硬くなる）、血管障害、免疫異常などを特徴とする病気です。硬化の範囲が皮膚に限られないことから「全

---

2 人を対象とする研究においては、その社会的責任と倫理、対象者の人権の尊重やプライバシーの保護、被りうる不利益などに関して十分な配慮を行うことが必要です。本稿の場合、日本社会学会倫理綱領（https://jss-sociology.org/about/ethicalcodes/）およびそれに基づく研究指針（https://jss-sociology.org/about/researchpolicy/）に則り、調査協力者であるRさんと桃井里美さんとは、名前の表記やRさんに関する情報をどの程度開示するかについて事前に協議を行ったうえで、公表前の原稿の点検と確認をしていただきました。

身性」強皮症と呼ばれますが、ただし、全身性強皮症の中でも、皮膚硬化が及ぶ範囲や症状の出方は多様です[3]。

　この病気の原因は、まだよくわかっていませんが、最近になって症状をある程度抑えることを期待できる薬剤が開発されてきており、患者にとっては、できるだけ早期に適切な治療を受けることができれば、この病気と長く付き合いながら生きる道が開ける情況になってきています。Rさんも、肺動脈性肺高血圧に対する薬のほか、免疫がいわば自分自身を攻撃してしまうのを抑える薬や、肺の繊維化を抑える薬を服用しています。

　2018年に診断を受けた後、Rさんは採用するかもしれない治療法の体験者を探して全身性強皮症患者会「明日の会」に参加し、会の世話人をしている桃井里美さんと出会うことになります（伊藤 近刊）。当初のRさんの会への関心と関わりは治療に関する情報交換の域を出ていなかったようですが、2020年に始まったCOVID-19（いわゆる新型コロナウィルス感染症）の流行によって、対面で会うことが難しくなり、桃井さんが「明日の会」をオンラインで再開しようとした頃から、Rさんは就労について桃井さんに相談するようになりました。本稿は、Rさんの了承をとりながら桃井さんが私に提供してくれた二人のやりとりの記録を資料（データ）としています。

　その記録によれば、2021年1月に、桃井さんはある企業からのインタヴューの企画に参加することをRさんに提案しています。これに対してRさんは「今はあまり人と話す気分になれません」と断ったうえで、他の人の体験談については「非常に興味があって読みたい」と返事をしました。これを受けて、桃井さんは自分の体験を綴るエッセーを毎週のようにRさんにEメール（以下「メール」）で送るようになり、Rさんはその都度感想を返信していました。そのうちに、就労に関する話も出るようになりました。

3　ここでは、全身性強皮症の医学的説明は必要最小限にとどめます。平易で、一般に入手可能な最近の文献としては、難病情報センター（2023）、佐藤・藤本・浅野・神人編（2018）のほか、群馬大学大学院医学系研究科皮膚科と後出する「明日の会」、および群馬県難病相談支援センターによって作成された患者向けハンドブック（群馬大学大学院医学系研究科皮膚科ほか 2020）があります。

当時Rさんは、既に30年以上にわたって、ある職場に勤務していました。少人数による部署で、職務内容は人と対面する仕事でした。Rさんは、2015年に肺動脈性肺高血圧症による入院から仕事に復帰しましたが、その際、上司からの提案で短時間勤務になり、肉体を使う仕事も免除されるようになりました。これらの点で、Rさんの職場は、Rさんに対してまったく配慮のできない職場ではなかったといえます。しかし、仕事の量は減らず、かえって持ち帰りの仕事は増えました。Rさんの体調は悪化し、倦怠感、疲労感を以前よりも強く感じるようになりました。さらに、COVID-19流行によるマスク着用は、強い息苦しさをRさんに感じさせるものでした。足のむくみと痛みも強く、このままでは仕事を続けられない、職場で増員してもらうか、あるいは仕事を辞めようかと思うようになりました。

　それにもかかわらず、当時のRさんは、彼女自身の言葉によれば、心の中に「モヤモヤ」としたものを抱えた状態のまま、職場には伝えられずにいました。そんなRさんに対して、桃井さんは体験談エッセーを送り続けました。

（2021年4月15日　Rさんから桃井さんへのメールより　（　）内は引用者　以下同様）
この原稿（体験談）は病気になって働いている私たちに向けたエールでもあったんですね。最近までなんで自分がこんなに苦しいのかも分からなくて考え方も分からない、そんな毎日でした。よくネットで「難病で働く」を検索していました。自分が働くからには無理して働くのが当然と思っていたのです。病気だから気を遣ってもらうのは申し訳なく、普通の人のように働かなくては、と思っていたのです。

　2021年5月5日、「明日の会」オンラインサロンが開かれ、Rさんも参加しました。そこには、病いをもって働くために必要と考える配慮を文書にまとめて職場に提出した人が複数参加していました。Rさんは、その話を聞いて、自分もそのようにした方がよいのではないかと考え始めたと思われます。ただし、それは葛藤が伴うものでした。

（2021年6月20日　Rさんから桃井さんへのメールより）
働けてしまうとつらさを分かってもらえない。 <u>*あまり言うとわがままと*</u>
<u>*思われてしまうかも*</u>*、と私も思ってしまいます。でも自分から具合悪い*
です、つらいです、とどうやって言えるかです。言葉にして言わないと
分かってもらえないこともあるのかも。私が平日半日とか前より休みを
とるようになったのは昨年自分がいっぱいいっぱいになってしまったか
らです。

　2021年8月27日、Rさんは、自分自身の体の状態を書き出した文章を作
成し、これをもって上司に人員増をお願いしようと思っていると桃井さん
に送り、助言を求めました。それは、先に述べた症状の悪化などを10項目
の箇条書きにしたものでした。桃井さんは、「よく書き出してくださいまし
た。本当にうれしいです」と答えたうえで、今後の「作戦」として次の提
案をしました。いきなり上司に人員増を求めると拒否反応にあう危険があ
るので、職場に賛同者を増やす。具体的には、自分の部署で一番信頼のお
ける同僚に、「少人数の職場で、私があまり動けない分、周りに迷惑をかけ
ているといつも思ってしまうのだけど、仕事を続けたいので合理的配慮を
申し出ようと思っている」と伝えてみて、できれば味方になってもらう。
また、専門の機関である産業保健総合支援センターとの相談を持つことや、
主治医に意見書をお願いしてみること、そのうえで職場の管理部門に相談
し、人員を増やしてもらうか、業務の見直しをしてもらうか、いずれかの
措置をとってもらう。
　桃井さんは、職場に相談する際に機能する文書について、私に助言を求
めてきました。私は、自分には就労支援の専門性も経験もないので、あく
までもひとつの意見であると断ったうえで、次のように述べました。まず
勤務時間を短くしたいという希望がなぜ発生するのか、使用者側もある程
度わかりやすいように話を組み立てることが肝要なので、病状を箇条書き
にするだけでなく、それらがどのような病気の性質によっておこり、また
勤務時間の短縮でどのように低減できるのかがわかるように書いた方がよ
いと思われる。実際に上司に伝える際にも、単に「勤務時間を減らしてほ
しい」という言い方ではなく、「〇〇が原因で、このような問題が発生し、

長時間の勤務が非常に難しくなってきている。しかし勤務時間を減らせば、その問題はコントロールしやすくなり、働けると思うし、働き続けたい気持ちにもつながっていく可能性がある」という言い方を少なくとも当初は採用すべきではないか（もちろん、交渉なので、相手次第で言い方が変わることはありうる）。そして、最後にこう付け加えました。いまのRさんには、「勤務時間を短くすること」が自分の希望です、と言い切れることが重要と思います。つまり、もっとわがままになって、自分を大切にしてよいのだと思います。

　こうして職場に提出する文書が出来上がりました。まず、冒頭に、「現在の状況について」という見出しで、以下の文章が付け加えられました。

　　全身性強皮症の特徴として、倦怠感・易疲労感があります。昨年からのコロナ禍への対応により、いっそう体への負担がかかり、酸素吸入もできないし、薬の副作用による消化器系の不調も続いています。体調維持には「翌日に疲れが残らない範囲」がよいとされ、仕事はマイペースを守り、立ち仕事や動き回る仕事は避けるように言われています。勤務時間を減らして自分に無理なくできる働き方の範囲であれば、仕事もできます。仕事は続けたいので、時短勤務をお願いしたいです。

　そのあとに、当初Rさんが書き出した10項目が、追加されて19項目となって、「体調が以前よりよくない」「息苦しさにかかわる問題」「仕事の現状」「家族の事情」「精神的なストレス」「今後についての希望」という見出しのもとに分類されて並べられました。私からみて、全身性強皮症のことを知らない人にとっても非常にわかりやすい文書であるように思われました。

　2021年9月1日、Rさんはこの文書に沿って上司に直接伝えました。すると、上司は理解を示してくれ、先々のことも考えて増員を図ろうと約束してくれました。以下は、翌日Rさんが桃井さんに宛てたメールの一部です。

　　まだ昨日の話なのですが、ほっとしたような寂しいような感じでいるのです。どんな人が来るのかな？とか仕事の分担はどうしよう、とか。分

担よりまず覚えてもらうことだろ、とか色々考えてました。あんなに時短で働きたいとか言いながら「Rさんも楽になるね」と（同じ部署の人に）言われると、すぐに返事ができなかったのです。でも今までの真っ暗の中にいる感じはないのです。先が見えて来たからこそ今の仕事も大切に思えてきました。

2021年9月6日、Rさんの職場で増員が正式に認められ、募集が開始されることになりました。

募集をかけてもいつになるかはわかりませんが私はすっきりとした毎日を送っています。それは自分の気持ちを整理してちゃんと話せたことが大きいと思います。先に希望の光が見えただけで毎日の仕事は変わりないのに気持ちは違うのです。仕事が少し客観的に見られるようになった気がします。以前桃井さんに、私が動くと同僚が気を遣って心配してくれる件を相談しました。（当時は）気持ちはとても有難いのですが私があまり動けない分みんなが忙しく動いているのを見ているのも暗い気持ちになりました。今回の件で同僚と仕事内容で話せたから気持ちも整理できたように思います。

翌2022年2月半ばに、新しい職員が採用され、Rさんは徐々に休みもとりやすくなっていきました。歳が離れている後輩を、Rさんはとてもかわいく思っているようです。以下は、同年9月1日に桃井さんに宛てたメールの一部です。

最近は仕事も増え職場内を歩く距離もだいぶ増えました。が、去年ほどは苦しくないです。身体はだんだん慣れてきますが、去年のような気持ちのままでは辛かったろうな、と思っています。
でも、家に帰るとどっと疲れてしまい、平日に半日や一日休みをもらいながら働いています。来年の今頃はどんな気持ちでしょうか。60まであと1年半ありますが、定年後ももう少し後輩の側で働いていたい、とか。身体の事を考えると60までかな、とか。いろいろ思っています。検

査結果はだんだん良くなっているので、身体を労りながらやっていこうと思っています。

　後輩は娘のような歳の差です。（中略）私は子供がいないので娘というより姪のような感じです。後輩はあまり自分の気持ちを言う子ではないのでこんな事は迷惑かな？　手伝った方がいいのかな？　と思う半年でしたがまだまだ半年。これからです。人が増えるっていいな、と実感しています。久々に桃井さんに職場の近況報告でした。

そして、2023年3月12日の桃井さん宛メール。

今日、職場のみんなに「定年後、半日でも働かせてもらえないか」と言ってみました。「土曜日でてもらえるなら」と喜んでもらえました。同僚と後輩を援護します。私の1番大きい仕事分野をそろそろ後輩に任せた方がいいとなりました。定年までは年金の事もあり、休みながらでも今の形態で続けていきたいです。

4．考察

　ここまでRさんについて述べてきましたが、彼女がしたことは、一言でいえば、職場（使用者側）に対して「合理的配慮」を求めたことだといえます。

　合理的配慮というのは、障害者の就労等に関する文脈ででてきた言葉・考え方です。難病というと病気なので医療が治す対象ではないかと思われるかもしれませんが、全身性強皮症がそうであるように、適切な治療法のもとで比較的長期間病いをもって生きるケースが私たちの社会では目立つようになってきています。これはこれでよいことなのですが、しかし、健康な人と同じように社会生活を送るのが困難であることに対して、どの程度生きやすい社会であるかという視点が重要になります。

　2013年4月1日に施行された障害者総合支援法（障害者の日常生活及び社会生活を総合的に支援するための法律）においては、難病も対象として位置づけられ、それ以降も対象範囲の疾患について検討が加えられてきて

います。治療法の進歩や在宅医療の推進によって、病いと障害とはまったく別種のものではないことが、いっそう認識される時代になっているといってよいでしょう。

2006年に国連総会で障害者権利条約が採択され、日本は2014年に批准しました。「合理的配慮」という言葉は、障害者権利条約の中にある"reasonable accommodation"の訳語で、障害者が働くために必要な、なおかつ使用者にとって過剰負担ではない個別的な措置のことを指します。条約締約国には、合理的な配慮提供確保のための措置が求められます。日本においては、障害者差別解消法や障害者雇用促進法で事業者に義務づけられています。

合理的配慮に関する最大のポイントは、障害者が使用者側に合理的配慮を求めるのは権利であり、迷惑をかけることではないし、わがままでもないという点です。その一方で、どこまでが「合理的」、つまり使用者側にとって無理難題ではない範囲内であると判断できるかについて見解が分かれる可能性があり、雇用上のパワー・バランスや、健常者中心主義的な価値観の相対化が十分でない場合、うまく機能しない危険も考えられます。

ただ、Rさんの事例は、いわばそこに至る以前の段階で発生しうる問題について示唆に富んでいます。合理的配慮に到達するためには、それを求めて使用者側と交渉することが必要になります。しかし、これは、実は思った以上に難しいことではないかと気づかせてくれるのがRさんの体験だと思われます。

第3節の引用部分下線部で、Rさんは「あまり言うとわがままと思われてしまうかも」と語っています。また後から当時を振り返って、「病気なので配慮して欲しいというのは、職場に必要な存在でなくなったと自分から言いに行くようで怖かった」のだと思う、とも述懐しています。これを、第2節で述べたG.H.ミードの内的コミュニケーションによる思考形態（「あの人が私にこうした。私はこう反応すればよいのだろうか。もしそのように反応したら相手は私のことをこのように見るだろう…」）にあてはめてみると、「職場は私に（短時間勤務など）の配慮をしてくれた。しかし体の状態が悪くなり、このままでは働き続けられないかもしれない。私は、さらなる配慮を求めればよいのだろうか。しかし、そうすると職場は私をわが

まま（あるいは、必要でない存在）と見るだろう・・・・」という思考がRさんの中で展開されていたのではないかと考えられます。第3節でRさんが、心の中に「モヤモヤ」としたものを抱えたような状態と述べていたのも、まさにこのような膠着状態を指しているように思われます。

　このような膠着状態を打開するには、どのような方法が考えられるでしょうか。まず注目したいのは、配慮を求めれば「わがまま」「必要でない存在」という見方が前提となっている点です。そこでは、職場の人々に対する気遣いや謙虚さと共に、そもそも病いや障害をもって働く人が社会にとって過剰な負担であるという健常者中心的な価値観が混じっている可能性があります。したがって、そのような見方を転換することでRさんは違った思考を展開できると考えられます。しかし、そのためにはRさんの内側で、まさに価値観を変えるための思考を展開しなければならないことを意味しています。上に述べたような思考で頭がいっぱいとなり心の中が「モヤモヤ」している人に対してそれを求めるのは果たして合理的と考えられるでしょうか。つまり、根本的な価値観の転換は、Rさんのような状態になる前の（教育的な）アプローチとして重要と思われますが、それだけで十分かわからないし、特にRさんのような状態に既になってしまった人に対しては現実的ではないと考えられるのです。

　そこで、内的コミュニケーションは、本来は外的なコミュニケーションが取り込まれたものではないかというG.H.ミードの発想がヒントになります。これを応用すれば、内的コミュニケーションが一定のパターンに膠着したのを打開するためには、ひとまず外に引き出して他者との目に見えるコミュニケーション過程にしてみるのが有望ではないか、と考えられます。もちろん、そうすれば必ず問題が解決するという保証はないのですが、自分が書いたり音声として発したりする言語は、自分自身にも届き刺激となります。すると、自分の思考過程をいわば観察者の視点で眺めることになり、相対化しやすくなると期待できます。Rさんが、桃井さん（と間接的には私）を相手として外的コミュニケーションを展開したのは、まさにここで述べたような事態であったととらえられます。根本的な価値観を転換することによって配慮を求められるようにするのではなく、配慮を求めることを遂行することで価値観の転換を実現していく方法といえるでしょう。

　ただし、Rさんのように他者の助けを得ながらにせよ「自分が変わる」ことで問題がすべて解決する、と考えるのは正しくありません。Rさんの職場のように、一定の配慮ができる職場ばかりでないことをふまえると、使用者側の価値観や構えによっても、事態は大きく左右されると考えられます。したがって、いわゆる環境の側の要因を少なく見積もってはいけません。そのうえで、しばしば「環境」に対する「個人」の側の問題ととらえられがちな部分に関しても、それ自体を社会的な問題対処のプロセスとしてとらえることが重要であると思われます。

参考文献

群馬大学大学院医学系研究科皮膚科・強皮症患者会「明日の会」・群馬県難病相談支援センター, 2020,「強皮症患者の明日のために——強皮症患者のためのハンドブック」(https://nanbyou.med.gunma-u.ac.jp/info_w/wp-content/uploads/2021/09/%E5%BC%B7%E7%9A%AE%E7%97%87%E3%83%8F%E3%83%B3%E3%83%89%E3%83%96%E3%83%83%E3%82%AF_2021.pdf　2023年9月30日取得)

伊藤智樹, 2014,「自己と社会——社会学的自己論から現代社会へのアプローチ」船津衛・山田真茂留・浅川達人編『21世紀社会とは何か——「現代社会学」入門』恒星社厚生閣, 第2章 (pp.18-29).

————, 近刊,「『物語』を携えたピア・サポートの実践——全身性強皮症患者による『明日の会』に学ぶセルフヘルプ・グループの特質」『支える側・支えられる側の社会学　—難病患者、精神障害者、犯罪・非行経験者、小児科医、介助者の語りから』晃洋書房, 第1章.

難病情報センター, 2023,「全身性強皮症(指定難病51)」(https://www.nanbyou.or.jp/entry/4026　2023年9月30日取得.

佐藤伸一・藤本学・浅野善英・神人正寿編, 2018,『強皮症を正しく理解するための本——検査の意味　治療からリハビリまで』医薬ジャーナル社.

基礎参考文献

　本稿の考察で論じた合理的配慮について、より深く学ぶために、以下2点をお勧めします。

・川島聡・飯野由里子・西倉実季・星加良司, 2016,『合理的配慮——対話を開く, 対話が拓く』有斐閣.

・飯野由里子・星加良司・西倉美季, 2022,『「社会」を扱う新たなモード—「障害の社会モデル」の使い方』生活書院.

地理空間情報を通じて可視化する小学生の登下校
－富山市の子どもを見守る地域連携事業－

大西宏治

1. はじめに

(1) 研究目的

　富山市はこれまで取り組まれてきたコンパクトなまちづくりの取り組み（大西，2021）に加えて，ICT を活用した都市機能やサービスの効率化・高度化をするスマートシティの実現に向けて「富山市センサーネットワーク」を 2018 年度に構築した[1]。富山市の居住域の 98.9％をカバーする LPWA（省電力広域エリア無線通信技術）であり[2]，簡単な低容量のデータしか利用はできないものの，富山市内をさまざまなセンサーを活用して情報を収集することが可能となった。この情報を活用して新たな自治体サービスの提供，行政事務の効率化，そして新産業の育成などを実施しようとしている。

　富山市のセンサーネットワークの実証実験として 2018 年度から「こどもを見守る地域連携事業」が実施されている。これは，小学生児童に GNSS センサーを配布し[3]，それをランドセルに入れて登下校することで得られた位置情報を富山市センサーネットワークで収集するものである[4]。そのデータを利用して登下校路の実態を「見える化」し，小学校，PTA，自治振興会などで活用することで地域の安心・安全の向上を図るものである。

　登下校における児童の安全安心への社会的な関心は 1990 年代以降，高く

なっている。児童は屋外空間を利用して学校−自宅の間を行き来する。日本全体を見渡しても犯罪件数は決して多くはなく，交通事故数も減少している（浜井・芹沢，2006）。しかしながら，犯罪や事故はなくなったわけではないことから，児童を守るために地域での見守り活動や，事故を減らすための道路の整備や犯罪を抑止する見通しのよい公園の整備などが行われてきた。

　特に登下校の見守り活動はこれまでPTAや地域住民を中心に行われており，地域住民への負担は大きい。さらに，児童の登下校がどのような状況で行われているのか，どの時刻にどこで見守るのが効果的なのか，十分な情報を持って取り組んでいるわけではない。見守る取り組みには地域住民の経験則が引き継がれており，客観的なデータから考える手立てがないまま取り組まれてきた（大西，2017）。この問題に対して，通学路や学区の環境をGPSとデジカメを利用して点検する方法なども提示されるようになってきた（原田，2017）。センサーネットワークを持つ富山市が児童の登下校を把握しようとする取り組みは，このような研究や社会課題解決の取り組みの流れの中に位置づけられる。

　本稿の目的は児童の登下校時の位置情報を使って登下校の空間的な特色を明らかにすることである。つまり，児童による通学路の利用方法（いつ，どのような道を選択しているのか），通学路内の危険地点の特色（交通や犯罪の危険性の把握）を行う。そのために児童の位置情報の密度などを利用して通学路の利用実態や地域の中の危険な空間などを把握を行う。また，その結果を踏まえた効果的な見守り活動や道路環境整備といった安全確保の取り組みの可能性について検討する。

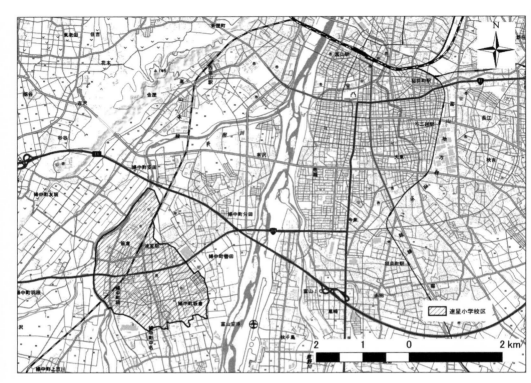

図1　速星小学校校下（背景図は地理院地図）

（2）調査地域の概要

　本稿の調査地域は富山市の郊外に位置する速星小学校区である。住居・商業・工業の混在地区であり，古くからの集落に加えて新たな住宅団地の造成もみられる。流入世帯の年齢層が比較的若く，小学生児童を持つ世帯の流入も顕著である。児童の密度が一定程度維持される地区である（図1）。

　校区内をみると関係者以外通り抜けが基本的にできない工場の敷地が広がっていたり，駐車場の広いロードサイドショップが立地したりする。また，通学路として利用せざるを得ない踏切が校区内に複数箇所存在する。それに加えて国道など幹線道路があり，自動車の往来の激しい道路の一部を通学路として利用せざるを得ない児童もいる。自動車中心の生活空間のため，児童のなかには放課後のさまざまな活動のための移動に自動車によ

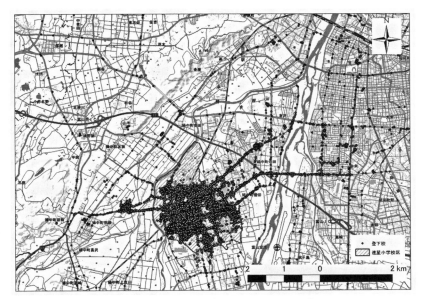

図2　速星小学校区の登下校の全データ（背景図は地理院地図）

る送迎が行われている。加えて，共働きも多く，学童保育が学区内だけで
不足することから，広範囲の学童保育が利用されている。

2．速星小学校区の児童の登下校データ

　速星小学校児童の全データをプロットしたものが図2である。児童の自
宅を特定できないように，登校のデータの出発地から半径100 mの中にあ
る位置情報を削除して点データを表現している。そのため，不自然に空白
地があるものの，通学路のデータが明瞭にとらえられる点分布となってい
る。校区内には工場の敷地があり，児童が登下校時には立ち寄らない区画
があることがわかる。また，登下校が一定程度の交通量のある道路に沿っ
てなされていることもわかる。さらに校区外に児童の集まる点がみられる。
これらは学童保育やスポーツクラブ（プール教室）などである。このよう
に学区外で放課後を過ごす児童が少なくないこともわかる。

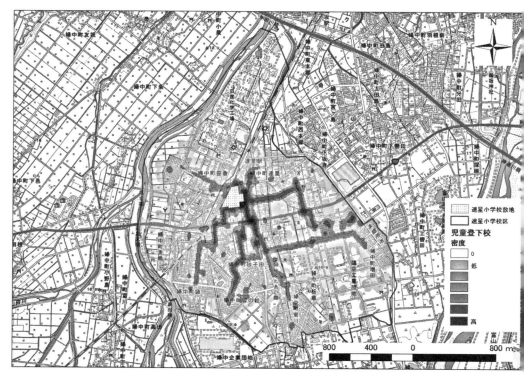

図3　速星小学校区の登下校の児童の密度分布（背景図は地理院地図）

　　また，児童の位置情報をカーネルの密度推定をしたものが図3である。
密度分布を算出する際に，登校して下校するまで児童は学校敷地内に必ず
入ると考えると，学校敷地内は登校のゴール，下校のスタート地点と見な
すことができる。そのため，学校敷地内の点を削除した後，密度推計を実
施した。その結果，通学路沿いに高密度の地域が見られることと，不自然
に曲がりくねったり，踏切付近で密度が高くなる地域が見られた。
　　また，通学路分布に不自然な点分布が見られたため，踏査調査を実施し
た[5]。ショッピングセンターの駐車場内が登校の通学路となり多くの児童が
利用していることが分かった。児童数が多いために登校時に児童が歩道か

5　2019年1月31日に実施した。

ショッピングセンター敷地内を通学路として利用

　図4　不自然な通学路
　　　（左：地理院地図，中央：オープンストリートマップ，右：地理院地図）

らあふれてしまうため，自動車の駐車がない登校時の時間帯は駐車場を通
学路としていることが小学校へのインタビューでわかった。また下校時に
駐車場そばにある学童に出かける児童は，駐車場を経由していることがわ
かる（図4）。

３．登下校の位置情報の分析

（１）速星小学校の登下校時の児童の分布

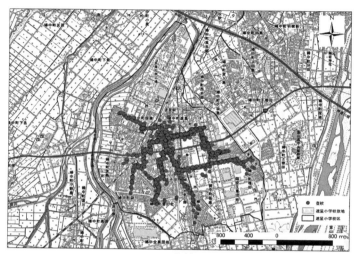

登校

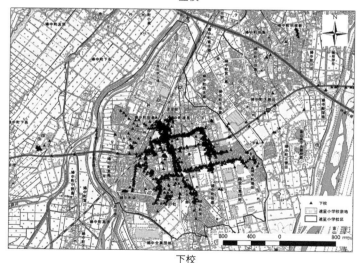

下校

図5　速星小学校の2月15日の登校と下校（背景図は地理院地図）

　登校と下校で利用する通学路が同じなのか異なるのか，図5から比較してみた。おおむね同じ経路を通っているようではあるが，何カ所か経路が違う箇所が見られる。朝は集団登校の形態をもち，始業時間よりも早く学校に入るため，短時間で到着できる合理的な経路が選択されている。それに対して，下校をみると，クラスメイトと帰宅する際にさまざまな道路が選択されたり，学童保育へ向かったりと多様な移動が観測された。

（2）踏切通過についての分析

　この小学校区には踏切が存在し，自動車と児童が同時に踏切を渡る。歩道が明確についてはいないため，危険な通行箇所となる（図6）。また，児童の朝の通過時刻を見ると7:37〜7:52となっている。児童が踏切を通過する時刻は限定的であり，自動車での踏切の通過者の通過時刻の配慮を依頼することで，より児童に安全な踏切の通過環境を用意することができると考えられる。当該時刻の踏切通過者に他の踏切やその時間を避けて通勤するような呼びかけができる可能性が出てくるからである。

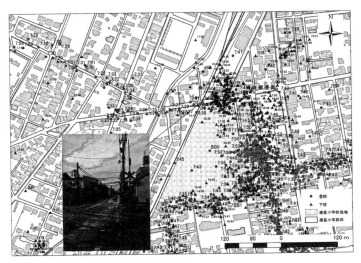

図6　踏切通過時刻（背景図は地理院地図）

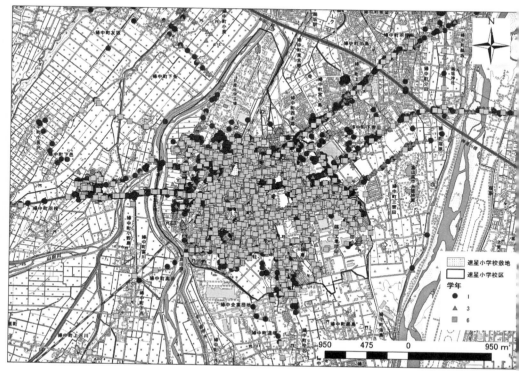

図7　速星小学校の1・3・5年の放課後の活動の差異（背景図は地理院地図）

　　このような取り組みを水橋東部小学校で2013年に実施したところ，一定
程度の効果が見られた。このようにして通過時間が明確なものについては，
ハードではなく地域社会の対応によって状況の改善に取り組むことができ
る。

（3）学年別の差異

　　学年別の差異を確認するため，小1，小3，小6のデータを比較したも
のが図7である。低学年のほうが校区外での活動が盛んに見える。これは
児童に携帯してもらったGNSSセンサーがランドセルに装着されているこ
とに起因する。低学年は保護者により自家用車でさまざまな習い事等に
通っている。習い事の開始時刻が早いため，ランドセルをもったまま移動

すると考えられる。これに対して高学年になると帰宅後に習い事へ出かけることが可能となり，一端帰宅することから，その後の移動を補足することができない。その結果，高学年の点は学校区内に収まると考えられる。

4．地域内の諸施設の利用と児童の下校

　次に学童保育などの利用について，児童の位置情報から検討する。学区外に児童の位置情報が凝集している箇所が数か所存在する（図7）。放課後のスポーツクラブであったり，保護者が迎えに来るまでの時間を過ごす学童保育であったりする。

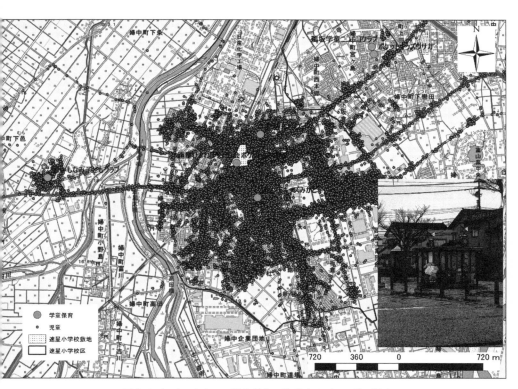

写真はバスターミナルで学童保育へ移動するバスに乗る児童

図8　学童保育の位置と児童の登下校の空間（背景図は地理院地図）

この地域は児童数が多く，また共働き世帯も多いため，学童保育が活用されている。校区内の学童保育では需要を賄いきれず，校区外の学童保育も利用されている。その中で婦中もなみ子どもクラブは多くの児童に利用されているようである（図8）。この婦中もなみ子どもクラブへは小学校からすぐのバスターミナルからバスを利用して移動している。このバスはこの地区で走らせているコミュニティバスである。このような移動があることがわかれば，バスのダイヤの設定や路線の考え方などこれまでと異なった視点で見直すことが可能となる。

　また，放課後に児童がどのような動きをしているのかを把握できることから，今後，地域づくりで取り組める課題が具体的になったといえるであろう。

4．おわりに－センサーネットワークとまちづくり

　富山市のもつセンサーネットワークの活用により，これまで小学校や保護者が暗黙の内に理解していた児童の登下校の様子が可視化された。児童の登下校の安全は多くの人が関心のあることがらであるが，データが存在せず，個々人の体験や勘で登下校路の安全確保の取り組みがなされてきた。また，放課後の活動空間の広がりも把握された。学童保育への移動にコミュニティバスが利用されているのであれば，運行時刻や経路を配慮できる可能性もある。

　このように，これまで当事者が暗黙のうちに理解されてきた児童の登下校が，地図の上で可視化されるのがこのセンサーネットワークを活用した成果である。これにより，エビデンスに基づく安全への取り組みが可能となる。このことは，何も登下校に限らない。地域の中で発生しているさまざまな事象は，当事者間で暗黙のうちに理解され共有され，対応されてきた。それを地図上で可視化することにより，情報が共有され，広く理解できる事柄になっていく可能性が，この実証実験により示された。

　ビッグデータが広く活用されるようにもなってきた。新型コロナ感染症が蔓延した際，人流データがテレビなどで示され，人の動きが地図の上で可視化された。このようなビッグデータはかつて専門家の間だけで流通し

ていたものであった。しかしながら，自治体により取り組まれるスマートシティなどで得られたビッグデータは，だれでも利用できる形で公開されることが増えていくと考えられる。そうなると，これまで可視化されてこなかった現象が可視化され，市民がだれでもそれをもとにまちのことを考えることができるようになる。このようにスマートシティやセンサーネットワークといった取り組みは，これまで専門家しか考えることができなかった地域で発生するさまざまな事象を，一般の人たちでもわかりやすく可視化された状態で示すことができるものである。これにより，だれでもが地域の中にある課題を捉え，課題を解決されるための取り組みを考えることができるようになってきた。まちづくりに関わることができる人たちの裾野を広げることができる取り組みだといえる。

謝辞

本稿の作成にあたり，本事業に協力いただいた児童と保護者のみなさま，富山市情報統計課ならびにスマートシティ推進課のみなさまにはお世話になりました。お礼を申し上げます。

参考文献

大西宏治2017. 通学路見守り活動における地図活用. 若林芳樹ほか『参加型GISの理論と応用』古今書院, 107-111.

大西宏治2021. 富山市のコンパクトなまちづくりとSDGs. 漆原和子・藤塚吉浩・松山洋・大西宏治編『図説　世界の地域問題100』ナカニシヤ出版, pp.174-175.

浜井浩一・芹沢一也2006.『犯罪不安社会』光文社

原田豊2017.『「聞き書きマップ」で子どもを守る』現代人文社

各分野を学ぶための基礎参考文献

青山剛昌・太田弘2013『名探偵コナン推理ファイル　地図の謎』小学館

寺本潔・大西宏治2004『子どもの初航海』古今書院

岡部篤行2001.『空間情報科学の挑戦』岩波書店

中島円2021.『その問題, デジタル地図が解決します』ベレ出版

矢野桂司2021.『GIS地理情報システム』創元社

富山大学人文学部富山循環型「人文知」研究プロジェクト公開研究交流会

第 34 回「人文知」コレギウム
言語を探究する 第六講義室

2023 年 6 月 28 日（水）13:30〜15:30

安藤智子（言語学・教授）

気づかない方言文末詞に気づくとき

13:30〜14:30

　共通語が普及した現代では、方言話者も共通語を使おうとする場面がある。しかし、本当に通じる共通語になっているだろうか。共通語のつもりの「気づかない方言」になってはいないか。とりわけ、正確なニュアンスが伝わらなくても情報伝達に齟齬を生じないタイプの文末詞では、誤解されたまま気づかないことも少なくない。
　富山方言と岐阜県東濃方言の事例を挙げて、イントネーションが絡む文末詞の調査の課題について検討する。

森賀一惠（言語学・教授）

音注は意味を教えてくれる

14:30〜15:30

　漢字は音素文字ではないので、表音は難しく、音を表すために、古くから様々な方法が考えられてきた。まずは同音の常用字を使って示す直音法。しかし、全ての音に誰でも音を知っているような常用字があるとは限らない。そこで二字の漢字の組み合わせで音を表す反切が考案された。そのような表音法による音注は古典の注釈には必ずといってよいほど用いられるが、実はそれらは難読字の音を示すより、意味を示す機能を果たすことの方が多い。音注がどのように意味を示すのかについてお話したい。

事前申込お願い致します

下記 URL または QR コードからお申し込みください。
https://forms.office.com/Pages/ResponsePage.aspx?id=Pxqwi2Ujs0iFczfbm9gJuKf
UOTK-JFJEvf~ f0mqex9URVZSTEw4MFdLM1AwSU5NWjdTT05XMzA4Si4u
申込締切後、登録されたメールアドレスに詳細をお送りします。メールアドレスに誤りがあると案内をお送りすることができませんので、ご注意ください。前日までに連絡がない場合は、下記総務課にお問い合わせください。

申込締切：2023 年 6 月 25 日（日）
聴講は無料です。学生・一般の方の聴講を歓迎いたします。

お問い合わせ　富山大学人社芸術系総務課（人文担当）　jinbuns@adm.u-toyama.ac.jp

第 35 回「人文知」コレギウム
源氏物語の注釈書

2023 年 11 月 15 日（水）13:30～14:30
人文学部大会議室

田村俊介（日本文学・教授）

源氏物語注釈史管見
—『源氏釈』からネット時代の校注書迄—

　源氏物語注釈史を第Ⅰ期：出典探求の時代から第Ⅴ期：ネット時代迄に分け、それぞれの期の注釈書の性格、問題点などを述べる。

　第Ⅰ期の注釈として、『源氏釈』を挙げる。

　第Ⅴ期の校注書として、上原作和氏『人物で読む源氏物語』の校注書コーナーがある。その注は、ネットの渋谷栄一氏のサイト「源氏物語の世界」をコピーアンドペーストアンド微修正したものである。凡例でも、「再編成・再加工したもの」と明記されている。このような、コピーアンドペーストアンド微修正の校注書の問題点を明らかにしたい。

聴講は無料です。学生・一般の方の聴講を歓迎いたします。
今回は、事前申込みの必要はありません。

お問い合せ先

富山大学人社芸術系総務課（人文担当）
jinbuns@adm.u-toyama.ac.jp

富山大学人文学部富山循環型「人文知」研究プロジェクト公開研究交流会

第36回「人文知」コレギウム
社会学・人文地理学で考える

自己を語れるまでの道のり
──難病患者の就労を例に──

伊藤智樹（社会学・教授）　13:30〜14:30

発表者がフィールドのひとつとしてきた難病支援から、ある患者の就労に関する事例を取り上げる。一言でいえば、職場に合理的配慮を求めることができた（職場の側はそれに応えた）事例だが、配慮を求めて使用者側と交渉することの難しさ、特に当事者の側に生じる葛藤・抵抗感をどう考えたらよいのか、G.H.ミードによる自己論を援用しつつ考える。

地理空間情報を通じて
可視化する小学生の登下校
──富山市の子どもを見守る地域連携事業──

大西宏治（人文地理学・教授）　14:30〜15:30

富山市ではスマートシティ実現に向けて「富山市センサーネットワーク」を2018年に構築した。富山市の居住域の98.9%をカバーする省電力の無線通信であり、低容量のデータしか利用できないが、市内をさまざまなセンサーで観測して情報を収集できる。その実証実験として「こどもを見守る地域連携事業」が行われ、GPSセンサーによる小学生の登下校を見える化し、そこに内在する課題の把握と解決方法の検討を行っている。本報告ではGPSで可視化される富山市内の登下校の様態を示すとともに、その特徴や内在する課題、さらにセンサーネットワークを用いた新たな研究の可能性などを検討する。

3月6日(水)
13:30〜15:30
人文学部大会議室

事前申込をお願いいたします。（聴講無料）

下記URLまたはQRコードからお申し込みください。

https://docs.google.com/forms/d/e/1FAIpQLScf9xoD6w39mQiHUx5Avrun5E35ZM5VYpLkSgr68GOHk5wQwg/viewform?usp=sf_link

申込締切後、登録されたメールアドレスに詳細をお送りします。メールアドレスに誤りがあると案内をお送りすることができませんので、ご注意ください。
前日までに連絡がない場合は、下記総務課にお問い合わせください。

申込締切：2024年3月1日（金）
学生・一般の方の聴講を歓迎いたします

お問い合わせ
富山大学人社芸術系総務課（人文担当）
jinbuns@adm.u-toyama.ac.jp

執筆者紹介（目次順）

武田昭文（人文学部言語文化領域ヨーロッパ言語文化コース［ロシア言語文化］）

髙橋浩二（人文学部思想・歴史文化領域歴史文化コース［考古学］）

安藤智子（人文学部言語文化領域言語学コース［言語学］）

森賀一惠（人文学部言語文化領域言語学コース［言語学］）

伊藤智樹（人文学部行動・社会文化領域社会文化コース［社会学］）

大西宏治（人文学部行動・社会文化領域社会文化コース［人文地理学］）

富山大学人文学部叢書Ⅶ

人文知のカレイドスコープ

2024年3月31日 初版発行　　　　　　　　定価1,300円＋税

編　者　富山大学人文学部
発行者　勝 山 敏 一
発行所　桂　書　房
　　　　〒930-0103　富山市北代3683-11
　　　　電話 076-434-4600／FAX 076-434-4617

印刷／モリモト印刷株式会社